体育运动中的流畅状态

如何达到巅峰表现

Flow in Sports: The keys to optimal experiences and performances

【美】Susan A. Jackson，Mihaly Csikszentmihalyi　著

刘一桐　译

中国轻工业出版社

图书在版编目（CIP）数据

体育运动中的流畅状态：如何达到巅峰表现／（美）苏珊·A.杰克逊（Susan A. Jackson），（美）米哈里·齐克森米哈（Mihaly Csikszentmihalyi）著；刘一桐译．—北京：中国轻工业出版社，2019.2

ISBN 978-7-5184-2254-8

Ⅰ．①体…　Ⅱ．①苏…　②米…　③刘…　Ⅲ．①竞技状态－研究　Ⅳ．①G804.22

中国版本图书馆CIP数据核字（2018）第283553号

总 策 划：石　铁
策划编辑：高小菁　　　　责任终审：杜文勇
责任编辑：高小菁　　　　责任监印：刘志颖

出版发行：中国轻工业出版社（北京东长安街6号，邮编：100740）
印　　刷：三河市鑫金马印装有限公司
经　　销：各地新华书店
版　　次：2019年2月第1版第1次印刷
开　　本：710×1000　1/16　印张：11.75
字　　数：97千字
书　　号：ISBN 978-7-5184-2254-8　　定价：38.00元
读者服务部邮购热线电话：010-65125990，65262933　传真：010-65181109
发行电话：010-85119832　传真：010-85113293
网　　址：http://www.wqedu.com
电子信箱：1012305542@qq.com
如发现图书残缺请直接与我社读者服务部（邮购）联系调换
180495Y2X101ZYW

前　言

什么是流畅状态？全身心沉浸在当前所做的事情之中，感到自己无比强大，足以把握自己的命运，体验到了喜悦欢乐，不受制于事件的结果——这就是流畅状态。人们对于流畅状态还有许多其他称呼，比如最佳体验、表现到位、异常兴奋，诸如此类，并且常常被这些通俗的说法所迷惑。无论你用怎样的方式去描述流畅状态，它们都必然是你记忆中最珍贵的那些时刻。

体育运动为人类提供了大量体验到流畅状态的机会。但是，对于大多数运动者来说，它都是难以捉摸的，而在许多教练员心目中，它更是神秘而难以企及的。在实践当中，大部分运动者想要体验到流畅状态只能碰运气。毫无疑问，这主要是因为关于进入流畅状态的诸多前提条件以及流畅状态所包含的各项因素，一直缺乏系统清晰的阐述。所以，运动者及其教练员，往往要么被动等待流畅状态的降临，要么试图强迫它出现，但这两种选择的结果通常都令人失望。

我们写作本书，旨在提升体育运动领域内人们对流畅状态的了解，进而加大它出现的概率。但这并不是一本“12 步达到流畅状态”之类哗众取宠的手册。如果真的存在那样显而易见的办法，那么流畅状态就不会是一种复杂而深刻的人类意识现象了。与此相反，掌握流畅状态所需要的是敏锐的觉察力和对一系列要素的准确捕捉，是它们彼此配合，才为流畅状态搭好了舞台。潜藏在流畅状态之下的，是高超的心理技能。而本书所传递的信息，将帮助你认识流畅状态中的各个成分，进而把它们运用到你的专属情境当中。

在正文部分，我们希望让你对流畅状态逐渐熟悉起来，但它仍然会是一个令人热血沸腾的人类意识现象，你可以体验它，还可以运用它。不过，精密地控制它则是不现实的。我们将为你详细讲解流畅状态中的每一个关键成分，我们会为你提供许多示例，以及运动员们的采访报告，用来说明它们彼此之间的联系。阅读本书，将使得你能够更好地理解和识别流畅状态，并且，通过有效利用这些重要的原则，你将能够更加稳定地在自己的运动项目中体验到流畅状态，甚至还可以把它带入其他领域的活动中。

本书由两位作者协力而成。米哈里·齐克森米哈伊博士，作为流畅状态研究的学术领军者，为本书提供了丰富的知识积累和研究材料。他借助自己多年的研究经验，划分出了流畅状态的几个关键要素，奠定了全书的写作框架。在书稿的修改过程中，他根据自己对流畅状态的深刻理解，提出了许多宝贵的意见。苏珊·A. 杰克逊博士则是将人们迫切需求的这些知识落实到纸面上的负责人。她针对运动员进行的有关流畅状态的研究与访谈，促使她承担起了写作本书的使命。一次前往芝加哥大学拜访齐克森米哈伊博士的假日会面，坚定了杰克逊博士写作并出版本书的决心。正文中大部分运动员的访谈内容源自杰克逊博士的工作，而有关著名运动员言论的转述引用，来自各种形式的公开报道。

我们并不认为本书是对流畅状态的终极解释。我们和其他研究者一样，仍在持续不断地耕耘着这一领域，一些读者可能会感兴趣的新鲜内容归纳在本书的后记部分。

你或许是追求巅峰表现的运动者，或许是拓展培训知识和技能的教练员，又或许是对提升心理技能感兴趣的普通人。无论你是谁，我们都相信这一份阅读体验和收获，不会辜负你的期待和时间。

目　录

第 2 部分　体验流畅状态

第1部分

认识流畅状态

第1章

置身于流畅状态

如果你静下心来想一想，你很可能会赞同：如果将一切完全交给运气，我们的生活会相当不愉快。从学生时代担心被老师点名解决写在黑板上的问题，到成年后担心自己的工作、家庭或健康，我们一生中所做的大部分事情都带有一定压力。尽管近些年来人们的日子比起人类历史上任何一个时代都更加安全、更加舒适，但危险和不安从未远离。而在没有任何压力和焦虑的时刻——无论在教室、办公室或家中——我们都会同样感到沉闷、无聊。

但是，我们的人生价值，在很大程度上取决于从幼年到老年的漫长过程中，我们对自己的经历有着怎样的感受。我们当中有些人，会浪费仅有的机会，从而无法体验到生命所提供的珍贵可能性——令人感到极度丰富、满足、乐在其中的一种美妙状态——因为他们年复一年都深陷在紧张或无聊之中。

然而，生活实际上提供了非常丰富的体验，并不总是紧张得要命或者无聊得要死。在一团混乱的日常生活中，有一些时刻像明亮的灯塔般脱颖而出。有人提出，就许多方面来说，人类在几千年历史中的所有努力，都是为了抓住这些稍纵即逝的、让人感到内心充实圆满的瞬间，并使得它们在自己的生活中出现得越来越多。美术、音乐和表演等文明活动，都是我们有意安排，以替代“茹毛饮血”，提高生命质量的例子。

体育运动，也是文明的众多果实之一。早在人类历史初期，男性和女性就都学会了如何运用自己的身体来获得最大的生理愉悦和精神享受。这些体育活动和竞赛往往令人十分兴奋，因此在全世界许多文化中都成为了庆祝仪式的核心项目。从古希腊的奥林匹克竞赛，到玛雅人的球类运动，有目的的运动竞技以具体可见的形式，展现了人类身体中所蕴含的非凡本质，和超越物质存在的精神世界。

自那时至今，许多事情已经发生了变化。现在，很多人喜欢运动是出于更为实际的原因：希望保持健康的体重或血压，想要在竞赛中胜出，或是梦想在职业联赛中赚得高额报酬。但是，不论激发运动员的原因是什么，体育运动的关键仍在于它所提供的体验的品质（quality of experience）。与生活中大多数事情相反，运动可以使人置身于一种特定的状态中，这种状态让人受益无穷，以至于人们会仅仅为了参加运动而运动，不需附带其他任何理由。在我们的访谈中，一名游泳运动员描述了这种体验：

> 当我对自己的表现感觉最好的时候，我能感觉到水、我的划水动作以及所有的一切……我确确实实沉浸在我正在做的事情当中。我十分确切地知道我将如何游完全程，我感到一切都在自己的掌控之内。我彻底投入其中，并且我能切切实实地觉察到其他选手都在做什么……我全神贯注地划水，我也知道我正在超过他们，但我并不在乎那些。我的意思并不是说我不在乎输赢，我那时就是想着“哇，这太棒了！”我只是游泳，然后取得胜利，而且我完全掌控着比赛的情境。那种感觉真的太棒了。

一位跑步运动员的描述也与此相似：

> 我感觉一切尽在掌握，一路下来我都感觉非常棒，而且没有感觉到平时跑步时会感觉到的那种疼痛……（我）当时就是很享受跑步的体验，并

且获得了我有生以来最成功的一次比赛经历……不像在其他比赛中那么痛苦。我感到每一个细节都在我的掌控之内，我觉得自己非常强大。我能够按照自己的计划去跑……我无比专注。当时我就是觉得，你懂的，就像运动员们常说的那样“找对感觉了”，于是全程我都感觉好极了。

全世界所有运动项目的运动员，都在追寻这样的时刻。运动员在这样的时刻里所获得的体验，是一个人一生中最为强烈也最为难忘的。运动员们描述的这种状态，我们将它命名为“流畅状态”（flow），或“最佳体验”（optimal experience）。一旦获得流畅状态，这种体验就会深深地印刻在记忆里，为运动员重返这种状态提供蓝图。但是，体验到流畅状态并非易事。本书将为读者说明，如何在运动中达到流畅状态，以及哪些条件有利于它的发生。

定义流畅状态

上一节中的两位运动员——游泳运动员和跑步爱好者——已经提到了流畅状态的一些组成要素。首先，这是一种意识状态，在此状态下，当事人全神贯注于

自己正在做的事情，心中没有任何杂念与情绪干扰。因此，流畅状态与专注密切相关。但它又不仅仅意味着专注。流畅状态是一种心灵和身体合同运作的和谐体验，而且这种体验是无需任何额外的意志努力来维持的，它只会使当事人感到发生了很特别的事情。因此，流畅状态也与愉悦感密切相关。另外，就像前面两位运动员描述的那样，人们常常把流畅状态和巅峰表现（peak performance）联系在一起。尽管取得胜利很重要，但流畅状态与获胜之间没有必然联系，并且流畅状态所提供的，远比某一次竞赛的成功要更加丰厚。这是因为，流畅状态将当事人的体验从日常水平提升到了最佳水平，只有在这样的时刻，我们才真切地感觉到自己的生命充满活力，感觉到自己正在做的事情是由心而发、从心所欲的。

流畅状态的上述品质是具有普适性的，各种文化背景的人都能体验到流畅状态。比方说，德国的老园丁描述了自己照料玫瑰花全心投入的感觉，日本的年轻人描述了自己参加摩托车竞赛风驰电掣的感觉，二者所用的词语十分相似。骑在马背上跟随羊群的纳瓦霍牧羊人，印度的神秘主义者，还有世界各个国家的杰出运动员们，也都用类似的方式描述这样的体验。

在人们一生所做的所有事情当中，体育运动为流畅状态的出现提供了特别的机遇。不过，在诸如音乐表演、戏剧表演、棋类游戏等其他活动中，流畅状态也比较容易出现。然而，尽管运动场景天生有助于增强流畅状态，但仍有许多运动员难以达到流畅状态。在此，我们也无法保证阅读本书一定会使你频繁体验到流畅状态，可是，我们能够为你阐明促使流畅状态发生的内在与外在因素。我们将为你分析，让你开启流畅状态的具体原因，以及你可以如何体验这种最佳状态。我们还能告诉你，其他人是如何进入流畅状态的，而你可以从他们的经历中提炼出有益的信息，帮助自己更好地理解流畅状态，并在运动过程中善加运用。

通过研究人们在众多不同活动中流畅状态的品质，米哈里·齐克森米哈伊（Mihaly Csikszentmihalyi）及其同事已经发现，运动与许多非常积极的品质存在独特的联系。图 1.1 报告了一个青少年样本在体育运动、学校作业和看电视等方面的情况。图中纵轴表示青少年对体验取样法（Experience Sampling Method，ESM）

的回答，即他们在横轴的各项变量上所获得的分数。研究者每天在几个随机选择的时间点询问青少年对自己当时正在进行的活动感受如何，从而给出相应分数。

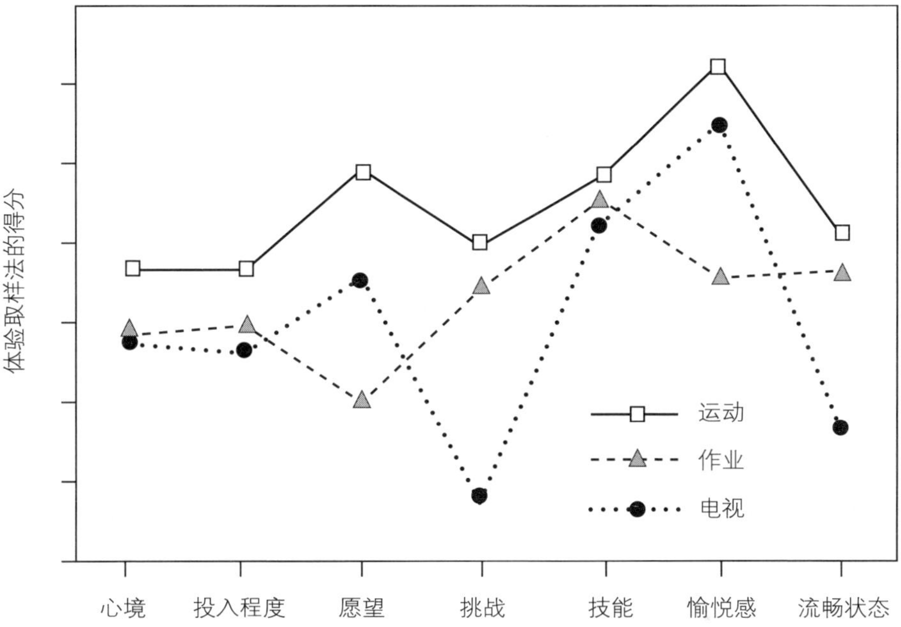

图 1.1　超过 800 名 11—18 岁青少年在不同活动中的体验取样法得分情况

挑战—技能平衡与流畅状态

达到流畅状态的第一项必要条件是在两个元素之间求得积极平衡。这两个元素是：你认为你面对的挑战难度，和你认为你具备的技能水平。两者之间的平衡，叫作挑战—技能平衡（challenge-skills balance），简称 CS 平衡，其中 C 代表挑战，S 代表技能。这是一个看似简单却十分重要的概念，在接下来的论述中，我们将反复提到它。

对于流畅状态来说，CS 平衡是一条黄金法则。稍后我们会提供更多详细信息，告诉你如何通过调整挑战与技能之间的平衡来增加流畅状态出现的概率。

在这里，要记住一点：能够预测流畅状态的，是你的主观知觉。也就是说，情境中客观存在的挑战或技能并不能决定体验的品质，一个人对自己可能得到的机遇和可以发挥的行动能力的主观想法，才决定着体验的品质。所以，你究竟是在运动中体验到流畅状态，还是在忍受焦虑和厌烦，在很大程度上有赖于你的知觉。

通过一系列可以明确定义的阶段，挑战和技能都能够循序渐进地得到提升。而一个人在技能方面的进步越大，相应的挑战就会变得越困难。曾经，4 分钟内跑完 1 英里（速度约合 6.71 米 / 秒）被看作人类的终极挑战：许多杰出的中长跑运动员都接受了这一挑战，努力拓展人类在这一领域的边界。而一旦人类达到了这一目标，便又设立了新的挑战。今天的精英长跑运动员，都会自己制订各种时间目标，从而设定其成就的潜在极限。

让我们先来简单看看 CS 平衡是如何为流畅状态做好准备的。想象这样一个运动情境：你感觉自己有能力应对其中的挑战。也许那是一场你为之努力训练的重要比赛。在你排队等候比赛正式开始的时候，你感到既渴望，又有一点紧张：渴望是因为你做了很充分的准备，紧张是因为这场比赛意义重大，你必须发挥你最好的水平。你相信自己可以应对这个挑战，但是由于这一情境并不轻松，所以你必须调动自己全部的潜力。

最优秀的运动员会在这样的情境中成长。他们知道自己要做什么，并且相信自己能够成功。他们的意识条理分明，脑海中的一切都牢牢瞄准那个清晰的目标，以至于没有多余的心思用来担忧自己或考虑自己的问题。他们的注意力完全指向眼前的活动。这些运动员深深沉浸于他们正在做的事情之中，因此他们能够敏锐地察觉到比赛中最细微的变化，并作出相应调整，来使自己保持最佳状态。

当一个人的能力与其行动的机会相匹配时——换句话说，就是当其把握住了 CS 平衡时，理想中的流畅状态就会出现。现在，请进行下面的练习。看看你是否能够回忆起自己在运动中体验到 CS 平衡的其他时刻，以及是否能更详细地记住你在这些时刻的感受。

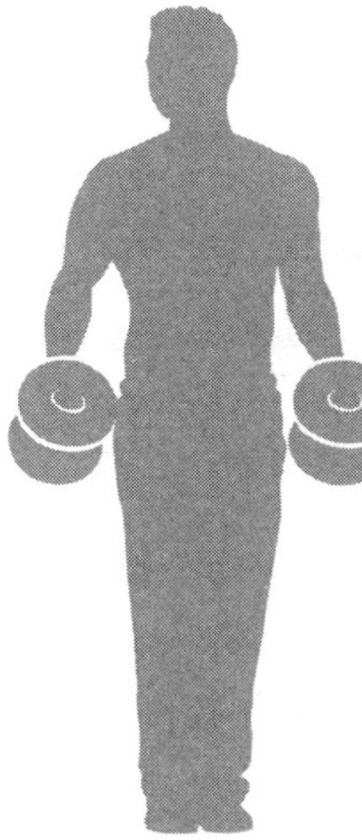

⏭ 练习　回忆流畅体验

接下来的练习将帮助你理解流畅状态。请阅读下面这段话，并在纸上写下你的回应：

回想一个时刻，当时你完全沉浸在自己所做的事情中，你感到自己强大、积极，你不担心自己，也不担心会失败。请尽可能充分地描述这个情境：时间，地点，你和谁在一起，在此之前发生了什么，这种状态是怎样开始的。在你回忆时，请运用尽可能多的感官去重建这一事件，同时快速记下你当时的想法、感觉和对这一体验的印象，包括它结束之后你有何感受。

你可能在一项活动中一次或多次体验到这种沉浸的感觉。这种体验可能出现在你工作时，运动中，或和朋友欢聚期间。有些人常常体验到流畅状态，有些人则很少，甚至压根没经历过。事实上，每一个能够集中注意力的人都可以体验到流畅状态。对你在进入流畅状态之前和之中发生的一切，你回忆得越充分，你就越容易为流畅状态的再次发生做好准备。

一位自行车运动员对流畅状态的描述

我们要多多倾听其他人描述他们的最佳体验，这有助于我们认识和理解流畅状态。下面，我们将要呈现西蒙对流畅状态的描述，他是一位杰出的自行车运动员。在下一章中，我们将会介绍流畅状态的各个维度，届时我们会再次用到西蒙提供的宝贵资料。西蒙的例子还将出现在全书各处。

> 那是比赛的最后一天。我穿着黄色的骑行服，再捍卫 100 公里就能完成比赛了。这 100 公里的最后 7 公里是爬坡路段，我挤在一群公认爬坡实力比我更强的世界级选手中间。当时压力很大，但其中有相当一部分源自其他选手的强大声望，而我抛开了这一切。我完全投入，110% 的投入；在整个局面中这才是唯一有用的。在 3 小时里我一直保持高度专注，这一点让我自己也感到惊喜不已。以前我常常走神，特别是在有压力的时候。我的身体感觉棒极了。没有任何事情——你感觉没有任何事情会出错，没有任何事物能够阻挡你。你已经准备好去解决任何问题，并且你对可能发生的任何情况都无所畏惧。这太令人振奋了。比赛结束后，我仍然不能平静下来，我还是非常兴奋。我觉得我还想骑，还想再次骑上那座山。

西蒙描述的是一种非常特别的流畅状态时刻，这类体验会烙印在运动员的记忆中。并不是所有的流畅体验都如此令人欢欣鼓舞，但它们确实都能使人获益。认清哪些线索能够引发流畅状态，可以帮助你从运动和身体活动中获得最大程度的乐趣。在本书中，我们会总结运动员们发现了哪些对这方面有用的因素。但是，你自己才是你关于流畅体验最为重要的信息来源。也就是说，最为关键的来源存在于我们每个个体中，因为，是每个人运用信息的具体方式，决定了其获得怎样的体验。因此，你越是清楚地知道什么条件能让你进入流畅状态，你一次又一次重获这种体验的可能性就越大。

我们在研究中惊讶地发现，运动员们在描述自己的巅峰时刻体验时竟然那么一致。下面引用的两段描述可能会让你豁然开朗地叫出一声“啊哈！”同时，它们也可以帮助你回想自己在运动时的类似时刻。

我感觉自己对项目非常投入，但是这种投入并不需要我付出太多。就好像我只是从一个地方漂流到另一个地方……比起其他因素，更多地依赖于直觉。

怎么说呢？你不会觉得痛苦。你不会感到自己必须去拼命或可能松懈下来，你是完全流畅的。你在流动，感觉不到自己的呼吸——因为一点不辛苦。而且效率很高，你感觉自己真的非常高效。你感觉自己就像一部汽车：你成了一台机器。但是你控制着自己这台机器。就好像你处在一种暂停的状态中——你根据自己的体能水平选择了正确的节奏，有点特异功能的感觉。

现在你明白为什么这种最佳体验被称作“流畅”了吧？第二段引述中的运动员在描述自己的这种特殊状态时，使用了“流畅”和“流动”等说法。在最初针对大范围的人群和活动调查这种完全投入的状态时，米哈里·齐克森米哈伊发现调查对象在描述中常常使用“流畅”这个词。关于某个人彻底沉浸在某项活动中的现象，这个词抓住了精髓。

在描述将人们引向最佳体验的沉浸状态时，有几个主题是普遍存在的。事实上，流畅状态的一整套特征都具有普遍性，我们将在下一章详细介绍这些特征。在本章的最后，让我们从其他曾用于形容最佳时刻的一些术语出发，来探讨流畅状态这个概念。

运动员用来描述流畅状态的方式

许多词语都曾被用来描述那些运动表现极佳的时刻，比方说，“步入正轨”“兴奋起来”“开启自动模式”“找对状态”，等等。表 1.1 列出了许多运动员常常用来描述流畅状态体验的说法，你也可以把自己的说法添加在表里。

表 1.1 运动员们描述流畅状态的常用说法

就像置身于泡沫里	进行得非常顺利
完完全全的满足	其他任何事物都不重要了
专注	轻盈
找到状态了	步入正轨
全心全意地投入其中	最佳节奏
平和安详	自然流动
自动运行	调谐
各方面都到位了	风驰电掣
开关打开了	控制力
顽强坚韧，但一丁点也不吃力	强大
注意力集中	100% 沉着自信
进展迅速，得心应手	行云流水
理想状态	无比活跃
不可战胜	掌握全局
你用来描述流畅状态的说法是：	

流畅状态起初被称为“自成目标”体验，指的是这种心理状态本身就具备奖励性。自成目标（autotelic）这个词由两个希腊语词根（“auto”，自己；“telos”，目标）组合而来，表示为了事情本身而做某事。流畅状态则相对简单明了，而且

“流畅”经常被人们用来描述这类体验。

当人们谈论自己的流畅体验时，通常会提到两个关键特征：乐在其中，以及发挥理想水平。因此在本书中，愉悦感和最佳体验这两种说法，可以与流畅状态互换使用。你可以把愉悦感和最佳体验看作同一连续体的两端。愉悦感代表了初级到中级的流畅状态，最佳体验则代表了流畅状态的高级阶段。

为了将流畅状态与其他相似概念区分开，我们将用巅峰表现（peak performance）来描述一个人最高水平的运动表现。运动员在巅峰表现期间通常会体验到流畅状态，但并不是每一次流畅体验都必然伴随着巅峰表现。

另一个与流畅状态有诸多相似之处的词是巅峰体验（peak performance）。心理学家亚伯拉罕·马斯洛（Abraham Maslow）最初创造这个词时，是用它来指那些最为开心幸福的时刻，这些时刻可能与我们正在做的事情有关，也可能无关。这些时刻也许包含了流畅状态的特点，但是流畅并非只存在于这少数非凡的时刻当中。流畅状态可以发生在简单的活动中，比如和朋友玩抛接游戏时。这在

任何人的生活中都算不上是决定性的事件，但它可以是令人十分愉快的经历，足以振奋精神。当然，运动中的流畅状态也可以达到连续体的上端，即出现巅峰体验或最佳体验。运动员会牢记和珍视这些时刻，而且，因为它们如此不平凡，在谈到自己的流畅状态时，运动员们常常会最先回想起这类巅峰时刻。

为什么流畅状态对运动员来说很重要

达到巅峰表现，对于竞技运动员和教练来说，是最为重要的目标；而流畅状态能够促成巅峰表现。伴随着流畅状态出现的意识模式通常会把一个人推向自己的极限，这使得流畅状态对于运动员追求个人最佳成绩来说极为重要。运动员和教练都再清楚不过了，当精神不够专注时，身体很难有高水平的表现。

流畅状态对于追求巅峰表现很重要，另一方面，无论结果如何，流畅体验本身也能令运动员受益。如果过于关注结果，你很容易与这种体验擦肩而过。如果你对于赢得赛事忧心忡忡，你可能反而抓不住这种能够带来胜利的心理状态。这对于竞技表现来说，也许是灾难性的。更糟糕的是，运动带来的愉悦感是体育的意义所在，而一旦你丢失了这种快乐，那么你真正得到的是些什么呢？

因此，你在一桩事件中可能既体验了流畅状态，又达到了巅峰体验或巅峰表现，但与此同时，还有许多其他情况，比如虽然出现了流畅状态，但乐趣或表现并没有达到顶点之类的。在流畅状态的整个连续体上，一端是单纯投入的时刻，另一端则是最佳体验。这两种经历都使得运动成为一件值得去做的事情，并且本书也涵盖了能够帮助运动员和教练在各个水平上找到流畅状态的策略。

但流畅状态并不只对从事职业运动的人有用。实际上，本书中包含的很多事例和观点都来自于两位作者针对其他优秀的运动参与者的研究，因此本书的内容对于追求更好表现的运动参与者也很有帮助。但是，体验流畅状态的能力并不限于高水平的表现者，当然也更不限于职业运动员。CS 平衡这一概念适用于任何人；我们所有人在恰当的能力水平上都可以找到流畅状态。娱乐与健身取向的运动参与者，像优秀的运动参与者一样，也在体育活动中投入努力，以寻求最大的精神回报和最佳体验。

除了对经验的正迁移以外，流畅状态也是一条通过发展复杂性来实现个人成长的路径。因为流畅状态令人愉快，所以我们乐意去寻找那些能够让我们体验到它的情境。这就必然涉及发展技能，并迎接进一步的挑战。你会发现——假如你现在还没意识到的话——CS 平衡并不是静态的，它在螺旋上升。所以，在运动中保持流畅状态，就意味着你必须不断加强自身技能。进一步地，随着流畅状态感受的增强，你也在迈向更高水平的运动表现。

但是，理解流畅状态，并不仅仅意味着挖掘运动潜能。一旦你理解了进入流畅状态的关键，就可以根据其原理全方位地提升生活质量。到那时，或许我们可以将自己的整个人生，从慌乱焦躁的奔忙，改编为一曲悠扬的舞步。

第2章

流畅状态的心理基础

你在一场精彩的游泳或是一场绝佳的山地速降赛等令人痛快的运动项目中所感受到的，与你在阅读一本扣人心弦的小说或是下一盘势均力敌的象棋时所感受到的，相似吗？你的第一反应很可能是大喊一声："当然不一样！"毕竟，在运动中，你会主动推动身体去达到速度、技能和耐力的极限；而阅读或是下棋这种相对比较被动的活动，只需要意志努力、想象能力或是逻辑推理能力。所以，你可能会说，运动是独一无二的躯体活动，虽然其他活动做起来也是令人愉快并且本身值得去做的，但运动与其他类型的活动存在很大区别。

然而，在我们对最佳体验所做的一系列研究中，有一项结果出乎意料地表明：不论个体从事的各种活动之间差别有多大，只要他们所做的事情是令其愉悦的，那么他们用来描述当时的心理状态或意识的词语就都会差不多。不论是艺术家和外科医生，还是舞蹈家和攀岩者，当他们深深投入到自己喜欢的事情当中时，似乎都有一系列共通的感受。尽管情境之间可能存在非常大的差异，但对于那些完全投入手中事情的人来说，他们的感受有一系列共同的特点。操作着涉及生死的手术的外科医生、思索着下一步落子位置的棋手，以及正在规划攀爬路线的攀岩者，都用相同的方式描述了他们的感受，而我们则从这些感受中识别出了流畅的各个维度。在本章中，我们会为你详细介绍 9 个维度，并借由对精英运动员的访谈来阐释它们。

请注意，本章标题中的“基础”（FundaMentals）一词中包含一个大写的“M”。意在强调在找寻运动中的流畅状态时，心理因素（mental）非常重要。流畅状态是一种心理状态，并且本书的宗旨是讲解如何通过调控心理——或是注意力，来达到流畅状态。当然，运动中的身体、技术和情境因素也很重要，这些因素中与本书焦点相关的部分也会涉及。但是，因为在各种不同的运动情境中，都是心理因素开启了通往流畅状态的可能性，所以我们会对流畅状态的心理基础部分进行详细的讨论。

以下这 9 个基本维度——或者说成分——能够最充分地描述流畅状态中的心理基础：

1. 挑战—技能平衡（CS 平衡）
2. 行动—觉察整合
3. 清晰的目标
4. 清晰的反馈
5. 专注于当前的任务
6. 掌控感
7. 失去自我意识
8. 时间的变形
9. 自成目标体验

我们会分别介绍每一个维度，并说明它们在运动情境中体验起来是怎样的感觉。西蒙，在上一章中介绍过的自行车运动员，将在每一个维度中为我们提供示例。此外，我们还会引用来自各种各样的运动员的说法，以更加细致地描绘流畅状态中的心理准备。

流畅状态的成分 1：挑战—技能平衡

你已经在第 1 章中认识了挑战—技能平衡。这个维度是实现流畅状态的黄金法则。运动员是如何体验 CS 平衡的呢？关于做出恰好处在个体能力范围上限的行动，一名划艇运动员是这样形容的，“非常具有挑战性，但是能够应对这种程度的挑战”。为了体验流畅状态，仅仅让挑战与技能水平互相匹配是不够的；这两个因素的设定水平都必须能够拓展个体的能力，令其提升到新的高度上去。运动员常常发现自己处在一个极具挑战性的情境中；确实，运动就意味着让身体处在考验之中，并且考验的条件会逐渐变得更困难。运动中的挑战可能以多种形式出现，包括躯体的、心理的以及技术方面的。各种类型的挑战我们将在第 3 章中讨论。

精英运动员常常得和势均力敌的对手比赛，这迫使他们不得不使出浑身解数来保持竞争局面对等。清楚地知道“不论当前的任务会有多么困难，但它总是可以完成的”，对于这些运动员来说十分重要。一名英式橄榄球球员这样评论了他所属的球队在世界杯上的最后一场比赛：“我感觉那是一项逼近极限的挑战，但是我们并没有因此把它当做巨大的障碍。”这句话引出了 CS 平衡的第二部分：

觉知到的技能水平。

为什么这支球队没有把世界杯决赛当做巨大障碍呢？因为队员们准备充分，相信自己具备获得胜利所需的能力，并且他们在晋级决赛的过程中已经展示出了高超的技能。这支来自澳大利亚的队伍最终赢得了世界杯决赛，并展示出了上等的球技。

只有少数运动员能在世界杯决赛中找到挑战—技能平衡。对于大部分人来说，这一情境中呈现出的挑战远远超过他们觉知到的自身技能水平——他们会发现自己开始焦虑。但是，流畅状态并非只有精英运动员才能“预订”。每个能够根据自己当前的技能潜力找到恰当平衡的人，都能够为流畅状态准备好舞台。挑战可以有个人化的定义，并且这一定义可能与体育赛事本身的要求大相径庭。例如，多数体育运动在设计时都以赢过对手为主要挑战，但它无需成为所有参赛运动员心中所想的最大目标。只有运动员自己选择的挑战的定义，才能决定需要何种水平的技能来匹配其觉知到的机会。

就不同个体而言，技能的极限是不同的。换句话说，我们所有人，在不同领域的个人潜能都是不一样的。因此，在 CS 平衡中，重要的不是客观的技能水平，而是一个人对自身技能水平与挑战之间的关系的看法（见第 3 章）。比起你实际能做到什么，你认为自己能做到什么，更能够决定你的体验。意识到这一点十分重要。一名跑步运动员在谈论影响进入流畅状态的重要因素时提到：“我觉得最重要的一点，大概就是‘我具备这个情境需要的能力’这种感觉。”

在大多数的运动情境中，挑战性都比较高，这使得技能或是信心因素变得非常关键。进一步提升挑战的可能性永远存在，然而提高信心所需要花的力气却总是更多一点。对于精英运动员来说，因为标准很高，所以对于优异运动表现的期待往往会带来压力。因此，把压力源转换为挑战，就成为进入流畅状态的关键，正如自行车运动员西蒙所描述的：

> 我认为存在这样一个点，你在这里能够将具有压力的情境转化为挑

战——而不是若干带来压力的事情——在这里，你可以触发流畅状态，从而在整个情境中得心应手，就好像没有任何事情会阻挡在你前面。

为了改变你对一个特定情境的看法，你需要自信。为了体会到这种自信，回头想想过去的成功经历，而非失败经历，是很有帮助的。这有利于你把精神集中在你现有的强项上，不论强项是什么。

流畅状态的成分 2：行动—觉察整合

如果你感觉自己正在做的全部动作融于一个整体，那么你就是正在体验流畅状态的第二个维度：行动与觉察相互整合。意识和身体彼此交融，如其所是，而非意识从外部审视着身体。著名诗人威廉姆斯·叶芝（William B. Yeats）曾在作品中描绘过这样的时刻：

哦，身体随着音乐摇摆，
哦，明亮闪烁的一瞥，
我们怎么能从这支舞蹈中
去认出这位舞者？

在流畅状态中，整合并不需要付出努力去实现。确实，反馈是由意识自主处理的，就像呼吸或划桨的动作，只是无缝衔接过程中的一部分。而正是这一过程，使得身心的运转可以贴近上限，却毫不费力。其最终结果就是完全地投入、沉浸，或者说是行动与觉察相互整合。当这种情形出现时，一个人会感到自己与自己的行为是一个整体。运动员西蒙描述了当他感到自己与自行车合二为一时，所发生的事情：

> 那感觉就好像你并没在骑一辆自行车。你觉得自己和车是一个整体，就像一台巨大机器的不同部件正在协同工作……就像这台机器天生如此，你是它与生俱来的一个部分，你生来就是这样行动的。

不同的运动员根据自己的专长，会使用不同的方式来描述这种整体感。皮划艇运动员说船桨就好像是自己的手臂延长了；篮球运动员感到与队员融为一体，或成为球队的一部分——就像手臂是身体的一部分那样——并且当他们投篮时，球飞向篮筐的轨迹，好像是他们精神和意志的延伸。

只有在你全神贯注于当前活动的时候，行动与觉察才会融合在一起。当你感到自己具备应对挑战所需的全部技能，并且把全部精力投入到当前任务中时，这种体验就会产生。和流畅状态的其他各个维度一样，行动—觉察整合只是整个奇妙体验的成分之一，并与其他成分相互依存。运动员会使用很积极的说法来描述这种完全的投入，"感觉所有事情都非常的顺利和流畅""（我）全神贯注于击球""处在最佳状态中。"有一些运动员则专注于事实，以至于没有任何其他事物能够进入意识范围。比如，有一名运动员说："在一切存在之中，只有那些（事实）才是重要的。"注意力高度集中于运动本身，以至于他们没有看到或听见任何其他的事或人。对于另外一些运动员来说，观众的噪声和举动则被打包进了整体的体验之中。

处在流畅状态中的运动员，会感到他们的动作是毫不费力的、自动发生的。尽管个体可能正在做出超人般的努力，但是在那一刻，感觉上却好像一切都是自然而然的。运动员常常如此描述这类现象，"事情是自动发生的""反应变得更快——事情就那么发生了""完全依靠我的身体感觉。"有人甚至说，"在某种程度上，我感觉自己好像是被遥控的。"

这些感受源于心理与躯体过程的整合，并且创造出了统一感，以及对行动时机的敏锐直觉。这种由行动与觉察的融合带来的整体意识大概是流畅状态中最生动传神的部分了。

有一些运动员在谈论事情变得很简单的感觉时，提到了漂浮感与流动感。当运动员对所做的努力的知觉，以及身体所处空间感的知觉发生改变的时候，他们常常会提到动作的轻盈感和容易感。出于某些运动对躯体能力的极度需求，运动员往往每时每刻都感到筋疲力尽、疼痛难忍、几乎无法运用哪怕一块肌肉。例如，马拉松运动员、长距离游泳运动以及越野滑雪运动员，必须调动巨大的意志力和体力来完成项目。然而，即使在这些最折磨人的痛苦经历当中，运动员也反馈说，在某些时刻，他们能够忽略疼痛并进入一种毫不费力的动作节奏，从而将极大的痛苦转化为狂喜和忘我。运动员通常把这样的时刻称作“进入状态了”。

体验到自身与行动合二为一的时候，运动本身就会提供一种非常积极的感受，这常常会使运动员非常兴奋。回忆这样的时刻，能够唤起在流畅状态中体验过的积极情绪，并使之成为动力的来源，为再次达到最佳状态提供一份蓝图。

流畅状态的成分 3：清晰的目标

目标能够指引行动，并提升专注力。运动员和教练通过设立目标来帮助他们达到短期与长期内想要达到的水平。为了进入流畅状态，应该提前设定清晰的目标，以使运动员能够确切地知道自己要做什么。这样一来，随着活动的开展，运动员在每时每刻都知道下一步需要做什么——从而更有可能体验到流畅状态。这是因为，清晰的意图能够帮助我们集中精神、避免分心。由于要求已经清晰地指示出来，因此个体就无需去猜测或怀疑自己在做的事情。

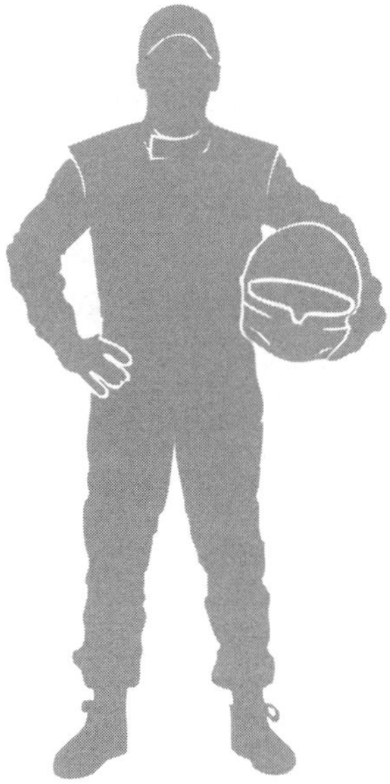

确切地知道自己在尝试达成什么目标，能够促成心理准备状态。提前在脑海中想象自己运动表现的画面，是帮助你的头脑专注于清晰目标的方法之一。西蒙描述了他在比赛之前，通过想象自己行动时的画面来使自己的意图变得异常清晰。他提到："你几乎能够触碰，或者说知道，你能够在项目实际进行之前就预测到结果。"

与清晰的意图并肩而行的，是对整个项目过程中每时每刻需要做些什么保持觉察。西蒙在一次自行车公路赛的最后赛段保持领先，他提到当时自己脑中有几个目标。保持在第一梯队附近；在整个最后赛段比赛期间始终保持专注，对每一次超车快速作出反应；确切地知道哪位骑手被拉开了多少距离；全程都至少保持 7 位骑手在自己视线范围内（同时他必须维持一定的位置，以确保获得冠军）；与他的队友一起，在最后的爬升阶段开始时，尽可能控制比赛节奏。在此之后，一切就取决于西蒙如何完成最后几公里的冲刺了。他冲刺了，进而赢得了赛段与整个比赛。西蒙在复述这些目标时指出，他在长达 3 小时的比赛中一直不断地监控着它们。每时每刻，他都知道自己需要做什么，并且感到自己有无尽的能量储备可以应对所有情况。他的注意力牢牢集中在这些目标上，并且持续监控着目标达成的情况。用他的话来说，做到这些"就像是我的第二本能。"

随着运动员们描述运动中的最佳体验，两个与目标有关的主题渐渐浮现了出来。第一，个体具有一份关于自己应该做什么的清晰蓝图。对此，运动员们常常说，"我确切地知道在比赛中我会怎么游"以及"我知道我必须做哪些事"。第二，运动员们经常提到，在项目开始前就产生了一种直觉，觉得自己的表现将会很好。他们形容这种情况是"瞬间有了自信""仿佛看到自己精确地做到了计划要做的每一件事""在某种程度上，我知道自己就要爆发了，没有任何东西能阻挡我"。这些陈述都展现了他们积极的信念。

提前知道自己将会做什么，既发生在当时当刻，也出现在较为长远的期限中。一位橄榄球运动员表示："在比赛中有那么一段时间我要冲上去接球，而当对方把球开出来的瞬间我就知道，我会接住那个球。"当然，这种"知识"并不需要用客观证据来佐证。运动员常常会犯错，事情有时没有按照他们预期的方式发生。但是，从为良好运动表现提供主观保证的角度来说，这样的“知识”能够帮助个体将精神集中在行动上，从而为流畅体验打好基础。在第 5 章中，我们会更加详细地描述如何设立能够促进流畅状态出现的清晰目标。

流畅状态的成分 4：清晰的反馈

如果一个人不知道自己在每一时刻做得怎么样，或是情形会如何变化，那么他就不可能参与到任何运动当中。一个击球后没法判断落点的网球运动员，或是一个没法判断自己是否正在按照路线前进的滑雪运动员，很快就会放弃努力。反馈，是指运动员收到的关于运动表现的信息；有了反馈，运动员才能够持续地追寻目标前进。

反馈对于成功的运动表现来说很关键。运动员调节自己的知觉，以收到来自自己动作和身体的反馈，以及外界环境中的线索，由此才能够与自己正在进行的事情保持联结，并掌控自己前进的方向。

知道“所有行动都完全正确”，或是事情“像时钟般精确”或“完美地进行着”，为运动员提供了一些线索，让他们知道自己在正确的轨道上朝着目标直线前进。运动员们也常用另一种方式去描述那种行为和反馈相呼应的感觉，“所有的感觉都对了”。在流畅状态中，个体知道自己想要什么，并且随着项目一步步展开，她知道自己确实瞄准了预定的目标。反馈是持续进行的，与此同时激励运动员前行的目标也在不断推进。

运动员能够从多种不同的来源收到反馈。第一点，也是最重要的一点，就是运动员的身体自身提供的反馈，特别是对动觉方面的觉察，或是关于身体所处的空间位置的知觉。对于运动表现质量的如实觉察，以及对当前表现是否符合理想表现的觉察，是一种重要技能，它使得运动员能够在每时每刻判断出自己是否正在做出想要的动作。随后他们就能够根据需求做出调整，从而保持在或返回到最佳水平。

反馈也可以来自外部。相比其他活动，运动的优点之一就是它拥有众多提供反馈的潜在来源。例如，运动项目中通常会有对手或其他参与者可以让我们知道自己做的如何；教练会在比赛中或中场休息时给出建议；观众则通过起哄或喝彩来给出反馈。另外，运动项目的设置和装备也能够提供反馈。例如，一名游泳运动员能够通过手臂和身体在水中穿过时的感觉来得知自己当前的划水动作是顺畅的，或是与此相反，吃力的。同理，一名网球运动员在挥拍的瞬间就能够知道自己的击球位置是否正确，是否需要调整。

西蒙曾提到，当他把注意力集中在目标上的时候，监控这些目标感觉就像是第二本能。这种对周围发生的事情的自动化反应，常常出现在收到清晰的实时反馈时，就和在流畅状态中一样。在一场公路赛中，对于西蒙来说最重要的事情如下所列——他能够快速获得清晰的反馈，通过收集与这些因素有关的信息来了解自己做的如何：

> 你正在用哪一挡骑行；你目前在什么位置；排名第二、三、四、五位的骑手目前在队伍中的什么位置；领骑团队里目前有哪些骑手；此刻你前面有多少骑手——所有这些都需要占用你的注意力。

西蒙依靠这些零散的信息来评估他在目标方向上做的如何，并对自己的表现保持觉察，这也是下一个要讨论的流畅状态维度。关于反馈的重要性和更多关于如何获取与运用反馈来促进流畅状态出现的细节，将在第 6 章中讨论。

流畅状态的成分 5：专注于当前的任务

当目标清晰、反馈及时，而且你的能力也与恰当的挑战相匹配时，你仍然需要把所有你能掌控的注意力全部放在你必须要做的事情上。如果你是一名滑雪选手，正在冲下一条高难度的坡道，只花一瞬间去想自己的工作或是情感的代价都

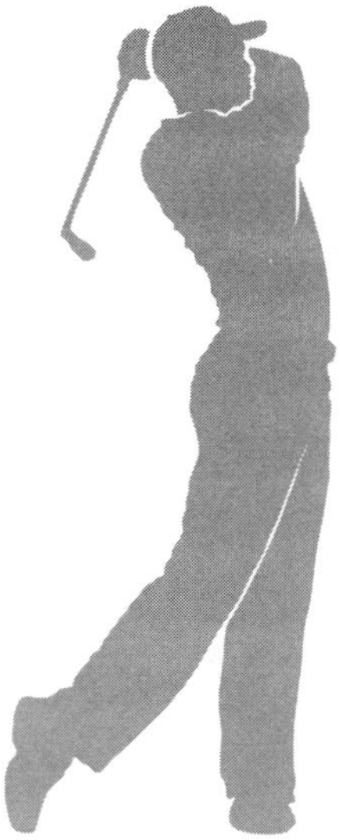

是你无法承受的。一旦你的注意力从速降上分散了，哪怕只是片刻而已，你都可能会飞出赛道，一头栽进雪山。同理，走神的摔跤运动员会被对手压倒在垫子上，担忧过去或未来的赛跑运动员会找不到自己的步伐节奏。流畅状态中的专注是完整且有目标指向的，没有任何外部的想法来干扰当前的任务。

运动员们在谈到自己专注于手中的任务，一心想着要做出什么动作时提到，那种体验就像是打开了注意力的开关似的，可以一段较长的时间里保持专注。他们提到的其他相关主题包括：觉察到对手的位置，觉察到整个局面，以及听到人群的动静，但是对于人群的这种知觉并不对自己产生任何影响或作用。乍一看，后面描述的这些情形，与“完全专注于当前任务”似乎并不相符，但它们确实体现出了一些运动员在特定情境中对任务的专注。例如，在一场中距离径赛中，觉察到其他对手的位置就是任务的一部分，而在诸如橄榄球或曲棍球这类团体项目中，最重要的就是时刻掌握周围发生的变化。

听到人群的声音也并不意味着缺少专注，反而是完全专注在项目中，可能令体育场和体育场中的所有人都成为运动员个人的整体体验的一部分。但是，除了你当前进行的任务、当前的感受，也就是“此时此地”以外，流畅状态中没有给其他任何事情或想法留出空间。如果在骑行比赛中，你将自己的全部能量注入自行车——握车把、踩踏板、调挡位——那么紧随在这个现实之后，你就会体验到你的肌肉、你的肺、你的神经系统与金属和橡胶相互配合，作为一个整体运转起来。事实上，你会发现，你与自行车、与比赛的节奏，融为了一体。

在自行车项目中，公路赛可能会持续好几个小时。然而，即使在最困难的条件下，保持精神集中也是可能的。比方说，西蒙这样回忆了自己的一场比赛体验：

> 那次，我在雨夹雪的天气中骑了 4 个小时。在那 4 个小时中，除了路上的白线和我前面那家伙的车轮，我忘掉了一切。整整 4 个小时，那就是我能想起来的全部。

西蒙的注意力看似很狭窄，但他也表示当时自己能够觉察身边发生的所有事情。他感觉自己戴上了一副广角镜片，比他平时能看到更多，但是他并未发现自己有四下环顾的动作。

专注是流畅状态的一个重要元素，也是最佳体验中运动员们提及最多的一个特点。学会把不相关的想法从意识中排除出去，并且能够专注于手头的任务，这是精神高度自律的标志。能够在进行运动表现时屏蔽周围所有令你分心的事件，并不是一件容易的事情，但是，如果你想在运动中体验到流畅状态的话，这就是一项需要熟练掌握的重要技能。在第 7 章中，我们会针对如何在行动过程中做到并保持专注进行详细讨论。

流畅状态的成分 6：掌控感

在上一节西蒙提到的那场比赛中，他记得自己获得了一种“坚不可摧的自尊”，感觉自己能够接受并克服任何困难。这场比赛在很多方面都有别于其他比赛，当然也包括这样的感觉，即自己仿佛拥有无尽的资源，足以应对面前出现的任何障碍。这种对手中事情的掌控感，就是流畅状态的第六个特征。

请回忆一下，之前我们提到过，处在流畅状态中的人感到自己不会犯错，就好像自己是无敌的一样。这种掌控感将运动员从对失败的恐惧中解脱出来，并创造出一种对于即将着手的挑战充满力量的感觉。比实际掌控更为重要的，是明白只要自己拼尽全力就能够实现掌控：你相信自己具备了所需的技能，并且你知道当前任务是可以完成的。这种认知的结果就带来力量感、自信心与冷静。

有些运动员在谈话中直接提到了“掌控感”这个说法，有些则将它描述为积极的想法或自信的感觉。“不会犯错”的念头通常被形容为“不可战胜”“好像我是无所不能的——什么都不怕”“感觉每件事都会非常顺利”。充分的沉着冷静能够反映出这种掌控感。即使在一个——从外部观察者的角度看来——挑战性高得难以置信的情境中，运动员仍有可能出现这种感受。例如，一名晋级奥林匹克决赛的游泳选手说：“我一点都没有受到周围人的打扰，包括世界纪录保持者。而且，我曾经击败前世界纪录保持者的事，也同样没有影响我的那种状态。”结果，这场比赛成为了对这位选手具有特别意义的一次经历。他不仅取得了优异的成

绩，锦上添花的是，他还在比赛中体验到了流畅状态。

这种掌控感源于运动员本人的信念，即相信自己具备了当前任务所需要的全部技能。抱着这样的信念，运动员就不容易为其他各种可能性感到忧心忡忡，特别是失败的可能性——这种可能性很少出现在处于流畅状态的运动员的脑海中。掌控感与流畅之间的关系会在第 8 章中进一步讨论，但我们在此需要先指出二者之间微妙的联系：过度掌控或过度寻求掌控，实际上会把一个人推出流畅状态；而过少的掌控，则会降低进入流畅状态的可能性——在这样的情况下，运动员更有可能体验到焦虑。

流畅状态的成分 7：失去自我意识

当一个人处在流畅状态中，对于自身的关切，以及担心和负面想法等都会消失。我们常会每天花费很多时间去担心各种事情，而流畅状态没有给我们留下多余的注意力去担心这些事情。流畅状态会把个体从自我担忧和自我怀疑中解脱出来。失去自我意识这一特点具有赋权性：体验过流畅状态之后，个体对自身的感受会变得更加强大和积极。而在一段时间内放弃对自我的担心，本身也是一件提振心神和释放压力的事情。

这一现象或许看似有些矛盾，获得掌控感会促进自我意识的消失。对此，西蒙解释说，当你感到自己处在最佳状态时，你就能够放下许多担心，例如别人如何看待你以及你是否具备成功所需的条件等。掌控感与运动表现紧密相连，因而没有给他留下任何自我怀疑的空间，相反，还为他提供了每时每刻需要做什么的确定感，和“一切都在正轨上”的反馈。

这一维度和行动—觉察整合紧紧地联系在一起——不担心自己，将自我解放出来，从而全身心地投入到当前行动中。相似地，与行动融为一体，能够防止有关自我的想法溜进来搅乱当下时刻。当运动员谈到与行动融为一体的时候，他们也常常称之为“让自己摆脱自我意识”。

凭直觉行事，是运动员们提及这一维度时的说法之一。例如，一名英式橄榄运动员说，“非常投入，但这是在直觉层面上”；一名铁人三项运动员将这一维度描述为“迷失于自己手中的事情”；还有一名自行车运动员，更为深刻地阐述了失去自我意识的体验，他说这是“潜意识的表达或释放——我的意识层面没有对其进行干预”。由于行动—觉察整合、失去自我意识以及时间变形这 3 个维度之间关系密切，我们会在第 4 章对这几个特点一起进行讨论。

流畅状态的成分 8：时间的变形

对于时间的觉知是现代生活方式对我们的一种惩罚。我们不停地看表，计算着我们还剩下多少时间，或者在一件好事发生之前我们还要等待多久。对于时间的依赖已经变成一项负担，有时它会阻止我们真正投入到此刻正在进行的事情当中。

流畅状态具有将我们从这种时间压力中解脱出来的潜能。个体处在流畅状态中时，对时间流逝方式的感受会发生变形。一般来说，在流畅状态中体验到的时间被缩短了，花费几个小时，感觉却像只过去了几分钟，或者花费几分钟，感觉却像只有几秒钟。但也可能出现相反的情形，几分钟仿佛被拉长了，甚至长到让人觉得奢侈，从而让个体产生了有足够时间来做出所需动作的认知。

运动员们提到，流畅状态中的时间会变慢，也会变快。运动员们形容这种知觉变化时提供了一种说法，就是有时间去思考了。但另外一些运动员把时间变慢和变快的看法结合在一起，因此他们感觉这更像是时间变得混乱了。西蒙用一次竞赛中的亲身体验描述了这种混乱——仅仅 11 秒，像慢动作放映一般地过去，但与此同时，他仍然感到这一切发生在一瞬间：

那感觉就像是，你放慢了一切，并确保一切都正确无误，一切都那么顺畅……感觉真的很快，可是同时又感觉一切都很慢。

表面看来，这种在流畅状态中时有发生的时间变形现象可能有点自相矛盾，这主要是因为具体项目以及运动员的应对方式不同，导致对时间的体验不尽相同。对于同样的运动员，在某些情境中时间似乎变慢了，而在另一些场合，几个小时过去却好像只有几分钟。一名超级耐力赛运动员这样描述了时间快速流逝的感觉：

在 16.5 小时中，我基本上都在（流畅）状态里。如果你问我，16.5 小时感觉起来怎么样？我会说，那感觉上就像是 3 小时。

对于一些需要速度和快速反应的项目，比如径赛短跑，流畅状态下的时间知觉可能会表现为拉长，从而为个体提供更长的反应时间，以做出恰当的行动。而对于一些可能持续许多个小时的项目，比如超级耐力赛，完全沉浸其中可能会导致活动感觉上进行得比现实中要快许多，从而使得运动员能够长时间持续投入努力并保持专注。

这种时间变形是个体完全专注的副产品。当你完全专注于任务的时候，你没法保持对时间流逝的关注。因此，当你回顾比赛时，就会导致你对时间如何流逝的认知发生变形。当你聚精会神的时候，你会忘掉时间，以至于一个项目仿佛在你“意识到之前”就结束了。时间的减慢也可能与聚精会神有关：当你的意识足够集中，你观察事物就会更加清晰。例如，一个向你快速飞来的垒球可能看上去很慢——你甚至会注意到球上的接缝和曲线——一切都发生在你的球棒接触球之前的几毫秒内。

然而，并不是所有的运动员都提到了时间的变形。是否失去正常的时间感，可能取决于追踪时间是否是运动任务的一部分。例如，一名游泳运动员在比赛中，可能会准确地觉察到每一秒钟的流逝，因为挑战的一部分就是保持对时间的追踪，以便其为比赛中的恰当时刻预留能量。因此流畅状态的这一维度，并不会像其他维度一样被各种运动员普遍地体验到。不过，如果个体体验到时间的变形，这种“没有时间”的时刻可能会让人感到无比自由。

流畅状态的成分 9：自成目标体验

什么是自成目标体验？这是一种具备内在奖励的体验，一种我们为了一件事本身而选择去做的体验。流畅状态就是一种自成目标体验。事实上，这个词最早用于描述个体完全沉浸在某事中的时刻（见第 1 章）。这是一个深受运动员认可的维度，正是它使得流畅状态变得如此令人痴迷，一旦体验过这种感觉，就会一次又一次想要找回它。

运动员们用了很多词语去描述流畅状态带来的乐趣。有些人提到了这种体验是多么的令人愉悦，比如说，“我全程都感觉棒极了”“感觉太好玩了”“简直就像吃了什么神药似的一阵狂喜”。另一些人则专注于做动作时的感觉多么好，以至于自己“感觉像是冠军——一名真正的运动员”，或是自己体验到“做动作带来的愉悦兴奋——就像一股电流”。还有一些运动员把这一维度描述为没有疼痛、感觉自己非常强壮、有无穷无尽的能量，或是十分享受付出努力的感觉。

觉察到自己的运动表现完美，则是愉悦感的另一个要素，同时也是进入流畅状态的结果之一。运动员报告称兴奋感一直持续，自己感觉非常棒，并且他们体验到了超乎想象的惊人奖励。“它给你一种冲动，继续去做你正在做的事情”“你从中获得的远远超过你付出的”“仅仅知道这种感觉还会再次出现，就足以帮你走过低谷”等说法都清晰地表明，流畅状态对于那些有幸体验到它的人来说，不仅具有很高的应用价值，它本身也是一项巨大的奖赏。

自成目标体验将在第 9 章中详细讨论，同时，它也是其他 8 个流畅状态成分的最终结果。流畅状态带来的奖励如此吸引人，以至于运动员们报告称，在脱离流畅状态后的很长一段时间内，自己仍处在兴奋之中。“你出不来了。”西蒙如此说道。当西蒙在一次漫长而艰难的比赛中体验到了流畅状态并赢得胜利之后，一切在他看来都是积极正面的。即使在那场比赛结束后他必须马上连续驾驶汽车 10 个小时，他也将之看作特别的体验。他解释道：

> 我们直接坐上轿车并开车穿越整个德国，而那种兴奋愉悦的感觉持续了一路。那是我人生当中最短的一趟旅程。通常那要开 10 个小时。但我压根没有担心要在夜里连续驾车 10 个小时，凌晨 4 点才能上床睡觉的事。无忧无虑！在那个时候，我们甚至没法在沿路遇到什么能买点东西的店铺。可那一点都没有困扰我。“不，我不需要吃喝任何东西，我很好。”那感觉就好像，我还想再骑车，再骑到山坡上去。

任何人都可以经历这种非凡的体验，它不仅仅属于某个精英骑手或其他职业运动员。有关流畅体验的记忆会成为一个航标，在惊涛骇浪中为我们指出返回安全港湾的途径。西蒙是这样描述这种强大的影响的：

> 运动中没有任何其他的体验，能像流畅状态一样给人这么大的愉悦与奖赏。这就是流畅状态。这就是我继续骑行的原因，因为我知道自己可以再次进入流畅状态。

从流畅状态中，我们窥见了完美。这就是为什么我们在体验到它之后会一次又一次的去追寻它。那么，是否有一种方法能够帮助个体在运动中找到流畅状态呢？我们刚刚仔细描述了 9 项特征，它们展示了什么是流畅状态。同时，它们也是提高你的运动体验质量的关键所在。在接下来本书的第 2 部分中，我们会详细分析这 9 个维度如何使得体育成为更有价值的活动。

第2部分

体验流畅状态

第3章

找到你的挑战—技能平衡

“如果不射门，你就 100% 丢掉了那一球。”

如果你问一个普通人，“什么使你快乐？”常见的回答可能会是健康、金钱，或舒适而奢华的生活。然而，与这些深入人心的常识相反，研究发现，人们对自己生命中记忆最深刻的幸福时刻通常涉及两方面：一件需要技能和专注才能做好的事情，或是一项需要努力克服才能越过的困难。当人们拥有一个目标，并且积极尝试达成这个具有挑战性的目标时，他们是快乐的。如果一个人无所事事，再多的金钱和再贵重的物品都无法使其幸福。

或许是进化过程赋予了我们一个强大的生存机制：在攻克挑战之后会体验到愉悦感。正因为有这样内置的奖励系统存在，所以开拓者们前赴后继地冒着生命危险去探索新的大陆甚至星球，发明家们在无望与贫穷中工作数年只为完善一部新的机器，艺术家们绞尽脑汁地在画布上展现出一个独特的意象。如果我们无法从寻找与攻克挑战的过程中获得愉悦，那么我们很可能还在成天扒藏在毛发里的虱子——就像黑猩猩一样，毕竟我们和它们共享大约 98% 的基因。但是，我们能够从各种扩展生理和心理潜能的过程中获得愉悦感，这种特点持续激发着人类的创造性并不断取得相应的成就，从而使我们不同于地球上任何其他形式的生命。

这一体验包含两个维度——挑战和技能，它们都涉及意识的基本条件。“挑战”其实是一个较为宽泛的概念的简化说法，将其延伸，阐述为“行动的机会”或“情境的需求”或许最为恰当。思考一下，比方说，一个被反锁在空房间中的人可能看上去没有面对任何外部挑战，但他也许正在计划如何逃出房间，也许正在头脑中下一盘象棋，或者也许正在努力回忆一首歌的歌词，而这些都是挑战。“技能”这一概念也相当宽泛，指的是个体采取行动的能力，或是应对情境的能力。例如，陪一只猫咪玩耍，听古典音乐，或是优雅的完成 90 米跳台滑雪，都需要特定的技能。在最具普遍性的意义中，我们使用“技能”这一简要说法来指代所有这些能力。

为了使流畅状态出现，挑战和技能需要很好地进行匹配。对于任何个体而言，两个因素都需要设定在较高水平上。达成流畅状态的基线条件在于，挑战和技能都超过个体的日常水平。

挑战—技能象限

在图 3.1 中，“流畅状态”象限内显示了 CS 平衡，流畅体验通常都是在这一条件下出现的。图中的其他几个象限则展示了当个体挑战和技能之间不匹配，或两者水平都较低时，会出现的一些不理想的状态。左上是“焦虑”象限，指一个人感到挑战高于自身技能时可能会体验到的感受。每个人都能回忆出在运动中被焦虑包围的经历。有时，我们对自己是否具备了取得成功的能力缺乏信心，这也是当我们觉察到挑战超过自身技能时，对这类感受的另一种描述。

图 3.1 中下面的两个象限展示出体育运动中同样常见的情况。“松弛—厌烦”在右下象限，是高技能配上低挑战的结果。当对手比较弱时，一个具备较高技能水平的运动员常常会过于放松，甚至可能感到厌烦，因为在这一竞技情境中觉察

不到挑战。当技能和挑战都低于一定水平的时候，运动员可能会体验到“淡漠”，产生一种没精神、厌烦和缺乏注意力的感觉。单调的基础技能训练会使一个人感到淡漠无趣，在比赛间隙、穿戴装备或者在不同赛事地点之间旅行时经历漫长等待，也会让人产生同样的感觉。

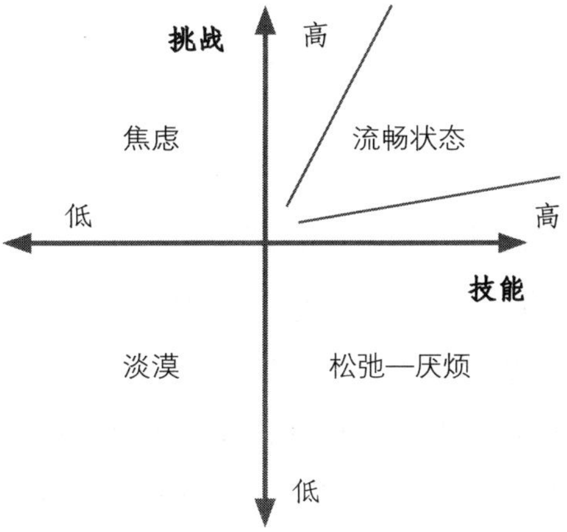

图 3.1　流畅状态模型（adapted from Csikszentmihalyi & Csikszentmihalyi, 1988）

现在，我们先来关注流畅状态模型中的挑战部分，稍后再仔细看一看技能部分，并对我们每个人具备的技能进行评估与识别。

流畅状态模型中的挑战部分

在大部分人的生活中，并没有多少富于意义的活动可供选择。青少年在家中和学校时会感到无聊，而他们的家长对自己的工作和家庭生活也常常有同样的感受。这正是运动可以有所作为之处：对于许多人来说，身体活动能让人最清晰也最实在地体验到攻克挑战的感觉。

运动中的挑战主要有三种形式。第一种，也是最显而易见的一种方式，就是我们的身体在锻炼时会遇到阻碍，我们必须付出努力才能打破它。在我们的生活中，流畅状态并非唯一的动力来源：比攻克挑战带来的奖励更为古老和强大的动机，是保持内稳态、寻求舒适和饱足的愉悦感。我们每个人心中都有一件懒人沙发，它总是引诱我们窝着不动、保持安静并储存能量。在参加体育运动之前，我们所有人都必须先克服这种内在的惰性，这第一个绊脚石常常会让我们最美好的计划早早夭折。

第二种挑战是在我们从事的方向上越做越好。这当然包括变得比对手更好，而更重要的是，要比我们自己之前的运动表现更好。运动之所以非常有利于流畅状态的出现，有一部分原因就在于运动中从不缺乏挑战：一个人的表现总是有提升空间。只要坚持一项运动，我们就永远不必担心缺少挑战。实现了一个目标之后，我们总是能够在更高水平上去寻找令人眼前一亮的新目标。

第三，运动中包含着风险。比如攀岩，风险可能很高——丢掉性命。在滑雪比赛中，运动员四肢的安全性始终处在危险之中。老实说，任何运动中都存在某些危险元素，要么对其他事物造成危险，要么对运动员自身构成威胁。掌控这些风险，不仅能在当下带来流畅体验，在攻克挑战之后，还能建立起自信和确定的感觉。

著名速降滑雪选手皮卡波·斯特里特（Picabo Street）发现，其他人的怀疑态度会激发她的动力："当有人告诉我说，做某些事只有一种方法时，就像是在我的屁股下点了堆火。我的第一反应就是'我要证明你是错的'。"

不论从事哪个项目，都很擅长为自己寻找新挑战的运动员，和积极做好准备去参与冒险的运动员，比那些仅仅遵从常规和打法"保守"的运动员，更有能力为流畅状态的出现做好铺垫。风险会将你推到挑战—技能平衡的边缘，加大挑战（进而提升技能），迈出舒适区。

有些人迈出舒适区后会展现旺盛的生命力，他们看上去似乎只有在极端危险的情形中才能获得满足。这类人会比大多数人实现更多成就，但是他们也会引发比大多数人预料中更加危险的结果。例如，登山运动员总是会设下一个又一个困难的目标，最后他们都会把珠穆朗玛峰（简称珠峰）当做终极目标。乔恩·克拉考尔（Jon Krakauer）是一位成功的登山家和作家，也是 1996 年珠峰一天内夺走 9 条生命的山难亲历者之一。在克拉考尔关于这次悲剧的著作《进入空气稀薄地带》（*Into Thin Air*）中，他这样写到：

> 到达一座高山的顶峰是客观的、无法改变的、实实在在的。现场的灾难赋予这次远征一种庄严的意义，这样的意义成为我余生中唯一的缺憾。普通平凡的存在总有一天会结束，但用全新的视角去看待这种结束时，我战栗不已。

登山运动员面对的风险并不适合所有人，但是，每个人都可以找到一项 CS 平衡不断变化的活动，其中的挑战不仅能够带来成长的机会，也能够带来进入流畅状态的机会。

被列入棒球名人堂的劳·布洛克（Lou Brock）是一名出色的盗垒者，他很清楚在能力极限上生活与比赛的重要性。布洛克为所属球队制造了许多进攻机会。他从不坐等队友实现击打，而是在垒上保持主动。很显然，他并不惧怕自己被触杀出局。如他所说："给我指出那个你想要引诱的人，我会让你看看我每次都能打败他。"

当你参与运动时，你会在多大程度上去寻求新的机遇和挑战？作为运动员、教练或观众，你能想到哪些你为自己创造或找到的挑战？挑战是流畅状态地图上的指向标，当你更好地理解了自己所参与的活动中浮现的机会，你才能知道如何更好地在活动中创造流畅状态。

把挑战作为通向流畅状态的通路

为了理解挑战如何促进流畅状态，我们需要回头去看看流畅模型（见图 3.1）。当个体面对的挑战高于他或她的个人平均水平时，我们倾向于预测达到流畅状态，但是挑战还要与觉知到的技能水平保持匹配（技能水平也要高于平均）。因此，根据流畅理论，人们总是想通过挑战和技能的匹配创造出流畅状态，借由流畅状态进一步提升自己的水平。这是因为，处在流畅状态中的人不仅能体验到愉悦，整体感受也是最佳的。如果他们选择停留在当前的技能水平上，并选取较低的挑战水平，最终他们一定会感到非常厌烦。至于一个人具体会体验到厌烦还是焦虑，则取决于挑战和技能之间的比较。

人们或许能够在一段时期内坚持去做一件大部分时间都令其感到无聊的事情，但是他们通常无法长久地这样坚持下去。无聊是很多年轻运动员放弃原有项目的理由之一。同时，它也解释了当一些经验丰富的运动员卡在特定的水平上时，逐渐放弃对运动的专心投入或把注意力转向其他活动的现象。

要想在任何领域内持续发展，学会如何创造挑战都很重要，而体育运动更是始终围绕着不断设置新的挑战并为之奋斗。幸运的是，运动中有很多寻求新挑战的机会。

在运动中创造挑战

运动中通常都有预先设计好的挑战——多以规则、竞争、装备、场地种类，甚至是特定赛事所需要的特定行为的形式出现。运动中有很多定义清晰明确的挑战，在这种情况下，个体比较容易体验到流畅状态。然而，运动中也有许多时刻，挑战的定义可能不清晰或是难以理解。这种含糊的情况会使体验流畅状态变得比较困难。而教练或老师能够帮助确保个体理解自己的角色，并在每个情境中找出自己面对的重要挑战究竟是什么。但是最终，每一个运动员都要学会在厌烦这一威胁出现时如何去找到新的挑战。不论运动项目本身的结构如何，其中都具备很多参与者为自己创造挑战和采取行动的潜在机会。

几年前，苏莉开始攀岩。攀岩过程中会出现许多挑战，其中对于苏莉来说最突出的一项是：当她感到不安全或者无法在岩壁上再进一步时，管理好自己的焦虑。她了解了一些关于运动焦虑的知识，已经十分熟悉它的症状：手脚出汗、心

率加快、口干舌燥和腿脚颤抖。苏莉以前参加的运动项目中所含的风险并不明显，因此她从来没有体验过如今在岩壁上时那种强烈的焦虑。其实只要操作规范，攀岩是一项很安全的运动。但是，她已经把挑战看作了危险，因此，了解安全性并不足以让她放松紧张的四肢或镇定慌乱的头脑。她完完全全依赖于自己的运动技能，可这些东西她还并不熟悉。后来，苏莉在一次攀岩中发生了坠落，幸无大碍。此后，苏莉经过思考，明白自己之前的担心都是非理性的，并且开始在攀岩过程中只专注于下一个要抓住的岩点。她渐渐发现，自己的行动变得越来越轻松自如。

因此，关键是要找出一个恰当的挑战，并且只专注于它。苏莉找到的挑战与她的攀岩伙伴们（都是很有经验的攀岩导师）当时所面对的截然不同。她也许专注于在顶绳攀登中上升得多一点，而她的同伴们想要的则是先锋攀登。顶绳和先锋这两种方式在攀岩的世界里相差甚远。先锋攀登在客观上对攀岩者身体和心理两方面都提出了更高的要求。在顶绳攀登中，攀岩者与一位保护者连接在一起，当攀岩者坠落时，保护者可以迅速止住其下坠；而在先锋攀登中，攀岩者则只依赖于岩点提供的间断性的保护来止坠。

不同等级和不同类型的攀岩为运动者所呈现的挑战大不相同。这些挑战中还可能会加入天气和环境等其他因素，从而使挑战变得更为多样。登山运动则将攀岩、在困难地形中上升和下降、频繁置身于不利天气等挑战集于一身，进一步增加了任务的复杂程度。

有些运动本身的挑战较为结构化，一旦运动员的表现超过最高标准，项目本身的难度等级或特点就会有所变化。例如艺术体操，这项运动依靠一套评分规则来衡量运动员的挑战和技能水平。每过一段时间，一个特定动作的难度系数就会被降低，因而运动员们不得不持续挑战更加复杂的动作来获得较高的分数。运动中的评分标准进行周期性的向上调整，会不断提升运动本身的难度水平。

在有些运动中，结构化的挑战会相对保持稳定，但是，运动员们可以通过找寻展示技能的独特机会来改变自己觉知到的挑战水平。芝加哥公牛队的丹尼斯·罗德曼（Dennis Rodman）把抢篮板变成了一项艺术；他在整场比赛的大挑战之下为自己设置了特别的小挑战。“我在抢篮板这方面有点天赋，有一点不一样的东西。”罗德曼说道，“这不是为了给观众看，而是为了我自己。篮板球是我在球场上表达自我的方式。”通过进行创造性的思考并专注于自己的优势领域，运动员和教练在流畅状态中的挑战一轴上持续向前推进着。

流畅状态中挑战的关键

有时你在选择挑战之前就已经在面对障碍了。大多数的障碍都可以从积极和消极两个角度去看待，就像是硬币的两面。让我们来认识几种常见的障碍，以及运动员们如何克服它们。这些是挑战的关键。为了最大程度地享受运动，我们必须学会找到尽可能多的行动机会，做出尽可能完美的表现——你常会在最意想不到的地方发现它们。运用这些关键要点，能够帮助运动员采取积极的视角看待挑战。

动起来——克服惰性

不去发掘自己远比积极参与到运动中要容易得多，因此我们面对的第一个挑战就是离开懒人沙发。这对于那些参与有组织的运动项目，进行有规律的日程安排，或是需要经常训练的运动员来说，不算是个问题。但是对于其他有自行锻炼意向的人来说，“动起来”通常都是一个需要克服的大难题。许多针对青少年群体的研究发现，孩子们参与到运动中时，比起参与被动的休闲活动，诸如看电视或逛街时，要更加快乐。运动及其他主动休闲活动在大约一半的时间里都能提供类似流畅状态的体验，而看电视大概只有 1/6 的概率带来流畅体验。所以我们希望年轻人花更多时间在运动上，这不是很有道理吗？然而，现实正好相反：美国青少年平均花在看电视上的时间，是参与运动时间的 4 倍。

那么，为什么运动使青少年更快乐，但是他们却没花多少时间在这上面呢？

他们的解释很简单：打开电视，比为篮球赛热身、换上骑行服或是坐车去游泳馆要简单得多。

在你能够从运动表现中收获流畅体验带来的好处之前，所有运动起初都需要你投入一定的精力。这就好比一个人必须先预存一些款项——时间、精力或是准备工作——随后得到免费的愉悦和享受。许多人都没能付出先期精力上的投资，因此他们也从没能享受到运动带来的乐趣。而被动的休闲虽然需要我们付出的很少，但它们带来的愉悦和对自我的精进也很少。

显然，体验流畅状态之路上的主要阻碍之一，就是度过运动开始前乏味无聊的准备阶段。这需要你驾驭好自己的精力。因此，意识到这样一点很重要：除非你建立一份日常计划表，否则你没办法保证训练所需的参与度。如果你没有加入某个运动俱乐部，或没有聘请私人训练师或教练，你就必须给自己制订一张计划表。

不论你是否认同，人类是充满了习惯性的生物。保持需要付出努力的某种生活方式的唯一方法就是，将它变成你每天或每周的生活里一个预期之中的部分，以至于你不去做的时候甚至比去做要耗费更多精力。起初，你可能需要强迫自己每天在早餐之前跑上 4 英里（约 6.5 千米）；一段时间之后，这样的锻炼变成了习惯，如果你不跑，吃早餐时就会觉得浑身不对劲。围绕你规划的锻炼时段建立起一种仪式感，将会很有帮助。如果你能够为这些日常活动打上自己的专属印记——比如让你的衣服、装备、伸展运动以及运动后的冲凉都更加个性化——它们就会变得容易，并使你能够更顺利地进入运动中的流畅状态。

面对失败

寻求挑战并非仅仅为了达到流畅状态，它也是人类与生俱来的一部分。每当行动的复杂性有所提升，我们都会面临挑战，它既有可能是婴儿蹒跚学步，也有可能是撑杆跳运动员练习如何正确下杆以保证最佳的运动轨迹。我们面对着复杂性提升带来的挑战，同时，我们也在进行社会化，以学习如何做出最利于成功的

选择。我们学会了应当避免失败——因为负面评价常常会伴随失败而来。

有些人会把自己在某项技能或是活动中的失败，等同于自己是个无能的人。这点在运动中特别明显，因为运动员会持续获得有关自己运动表现的评价。当这些评价成为运动员能够得到的主要，甚至是唯一的反馈时，他可能就会把自己看做一个“运动人”，而非一个“进行运动的人”。如此一来，在体育运动中遭遇失败的后果变得越来越重要，与自我价值感紧紧地绑在一起。

不过，通过把我们的主要关注点，从达到特定运动表现转换成为流畅体验创造机会，成功的可能性反而会增大，同时失败的严重性也会被减轻。

杰克·尼克劳斯（Jack Nicklaus），一位优秀的高尔夫球手，曾经这样谈论激烈竞赛中的挑战：“比赛越是困难和激烈，我就越是享受高尔夫球。赢得相对轻松的比赛或许也能从其他角度让人满足，但是却远没有逐杆争夺直到最后一刻那样畅快淋漓。”

迈出舒适区

对于失败的恐惧妨碍很多人去拥抱挑战，提升技能。因为挑战中包含着无法成功的风险。自满也许是惧怕失败的一个“症状”；对于一些人来说，自满的出现是因为他们选择留在自己的舒适区中。当运动仅仅作为一种休闲放松的方法时，选择舒适和自在也许是恰当的，但是当运动员尝试达到更高的技能水平或不断进步时，这样就并非好的心理状态了。如果个体想要对自身运动表现维持惬意的感觉，自然不可能再进一步。

自满也可能出现在对自己应对挑战的能力过度自信的时候。当优秀的运动员遇上较弱的对手时，情境中客观存在的挑战看上去低于自己的技能水平，但高水平的运动员却时常发现自己难以好好表现。然而，弱一些的选手则会发现来自优秀对手的挑战能够提升自己的成绩。以为能够轻易击败水平较低的对手，有时会让一些自满的明星运动员无法保持专注，因此这种情形反而变成一种挑战。网球比赛清晰地显示出了高排名的专业选手自满的影响：只有少数顶尖的网球运动员从未在第一局中输给排名较低的选手。为了防止这种令人沮丧的结果，明星运动员在与排名较低的选手比赛时，需要为自己找到获得胜利之外的其他挑战（比如专注于改进自己比赛中的某些特定方面）。

有些运动员在不断地努力提升自己的技能和表现，持续拓展自己成就的边界。将表现置于比赛背景中，能够促进技能进步，但是即使没有这些与他人进行技能比拼的刺激，那些真正享受自己所从事的项目的运动员也能够不断为自己设置更高水平的挑战。流畅理论解释了个体面对挑战时的这种积极态度，随着挑战难度上升，获得最佳体验的机会也随之出现。

运动员是如何拓展自己的极限的呢？他们往往有很多种方式，大致可以分为两大类：以人为中心和以环境为中心。运动员可以通过改变自己的想法，或者说改变自己对情境的觉知来改变所面对的挑战。例如，一位遇上较弱对手的优秀网球运动员，可能不会觉得赢得这场比赛是多大的挑战。通过将自己的专注点从获胜转移到比赛本身，并为自己在比赛中的不同方面设置不同的目标，优秀的网球运动员能够使自己从比赛中得到足够的挑战。你要记住，关键在于：是觉知到的挑战对于流畅状态来说很重要，而不是情境中可能出现的各种客观挑战。

就像可以通过调整个人目标来增加挑战性一样，一个运动员也可以在面对的情境挑战远高于自身呈现出来的技能水平时想办法降低挑战。对于比赛中能力较弱的网球选手来说，获胜可能并不是一个恰当的目标。如果挑战难度远高于运动员当前的技能水平，则可能会妨碍运动员获得流畅体验。因而，运动员此时可以设置一些个人目标，这样挑战就不会显得过于难以应对。比如，接下强大对手的首轮发球，或许可以成为一个合适的挑战。即使毫无胜算，但只要挑战和技能水平实现比较均衡的匹配，运动员依旧可以体验到流畅状态。

改变环境则是另一种调整挑战的方式。与技能一样，环境也可以进行调整，以提高或降低挑战的难度。一名运动员可以调整的环境包含以下几个方面：比赛的规模或运动表现的领域、需要运动员处理的接收到的信息量、外部分心或是干扰的程度，还有观众的存在方式或是态度。有许多种方法能够将客观环境中的挑战调整到刚好比个体当前技能层次高一点的水平上。成功的教练在平时训练中一直在做这件事。对身体技能的学习通常会采用从部分到整体的方式，最终要学会的技能先被分解成不同的较小环节，每个环节独立练习，随后，各个细分环节逐渐整合在一起，直到成功掌握完整的技能。

当需要运动员在某些不利条件下使用技能时，运动环境则会变得更有挑战性。比如，篮球运动员只能在三分线后投篮，跑步运动员在一个有坡度的场地训练，等等。对以人为中心和以环境为中心两类方法保持重视，有助于确保呈现给运动员的挑战在一个恰当的水平上，进而敦促运动员向着更高的运动表现水平去提升自己。

拓展极限适用于从新手到精英运动员的各个水平运动表现者。通常来说，高水平的运动参与者通过全身心投入，并努力尝试突破现有的纪录或标准来拓展自己的极限。为了能够获得最高水平的成功，运动员必须悦纳对自己生理和心理极限提出的挑战，这样才能够不断进取和持续超越。但是，一名新手运动员在尝试超越相对初级的自己时，也是在拓展自己的极限。普通运动者与世界级的运动员对比，绝对水平，或者说是客观上的水平也许相差很多，但是提升挑战的原理对二者都适用。个体如何觉知挑战是决定性的关键所在。

⏭ 计划之外的挑战

有些时候，环境会呈现出不在预料之内的挑战，需要我们做出一些调整才能获得成功。一位花样滑冰冠军讲述过这样一个与流畅状态有关的有趣故事。在参加奥运会时，通过将一个令人分心并且具有潜在危险性的情境转化为挑战，这位滑冰选手将自己的专注力保持在要做的事情上。当时，他面对着一个特别的挑战：

> 计划突然改变了……通常我们是唯一待在冰上的人，但是这次，摄影师把箱子掉到了冰面上，并在我们的比赛开始后走到冰场里来捡箱子！我们不再是唯一在冰面上行动的人了。然而那是一个挑战——我依靠自己习惯的专注方式，快速转换到了一个积极的视角。我那时正准备和我的搭档做出我们练习过的最难的托举，只是我不得不做出一些调整，因为我看见那个摄像师也在冰面上。我快速把注意力再次拉回到我的搭档身上，我必须在一瞬间里转移注意力，因为我得做那个最难的托举。我是这么做的，就像在说："好吧，所有人都以为我们会出错……哼，看好了！"我再次用到那句"看好了！"，它对我来说有强大的力量。

为了能够运用积极或有益的方式来看待挑战，你的自我对话（self-talk）应该是正面且有活力的。"我能做得再好那么一点点"或"我可以的！"等积极陈述能够使你朝着完成任务的方向坚持不懈地努力。中止所有负面的自我对话，并将它们转向正面是很重要的。为了更加努力，你可以使用以精力和力量为核心的词或短语，并且用坚定而积极的方式说出它们。如果说集中注意力是关键所在，那么聚焦于任务的话语则能够帮助你保持对注意力方向的控制。我们会在下一章更加详细地讨论自我对话这一技能。

拓展极限是创造正确挑战水平的关键环节。相比于缺少动机的人来说，一个具有参与运动的强烈动机的人更容易拓展自己的极限。动机这一概念是流畅体验的核心（我们会在第 5 章和第 9 章分别讨论目标与愉悦感时，详细地讨论这一点）。挑战也和技能水平紧密地联系在一起。只有流畅状态的多个维度匹配、整合时，最佳体验才会出现。挑战是流畅状态中的重要组成部分，不过，是挑战和技能之间的交互关系，以及其他流畅元素的积极表达，才能创造出最佳的体验。

目前为止，我们已经认识了流畅状态模型的纵坐标轴，即个体认知到的项目的挑战，它是流畅状态的关键，也是成果丰硕且令人愉悦的运动体验的核心。在运动中的各个方面都能够找到挑战，对此，我们已经举出了一些运动员可能面对的不同挑战的例子。其他你可以从中寻求挑战机会的领域有：完善你的运动装备、学习你从事的运动的历史、深入了解其他运动员，包括他们的性格、长处和弱点等。

表 3.1 展示了不同类型的运动挑战，都是你可以从中找到或创造机会的一些领域。你可以用这张表来分析你所从事的运动项目中的有关挑战，你也可以为张表添加一些你发现的其他挑战。总之，你可以用这张表来发掘运动项目中的可能性。

表 3.1 运动挑战的类型样例

运动挑战的维度	行动的机会（挑战）	例子
生理	需要付出努力	在耐力赛中调整自己的节奏
	提高身体素质（力量、速度、灵活性、耐力）	通过力量训练来加强力量
	发展身体技能（敏捷、球类技巧、预判等）	针对改善预判的专项练习
心理	发展心理技能（专注、想象、自我对话等）	针对运动表现中特定方面进行日常想象练习
	策略制订	比赛计划
	设置清晰的目标，调整动机使其朝向完成目标	每周进行目标制订练习和评估
	毅力	针对高难度技能的反馈和持续练习
	关于运动文化和运动历史的知识	赛前仪式或日常程序
技术与装备	理解项目的技术要求	阅读技术手册
	将装备最优化	咨询生物力学的专家
	技术和装备的个人化	创造你自己的招牌动作
营养与能量需求	有关项目对能量的需求的知识	测量能量的摄入和消耗
	液体和燃料的替换	进行营养学分析

流畅状态模型中的技能部分

大多数人都相信，是物质条件的舒适和令人放松的休闲活动让生活变得幸福和愉快。他们认为地球上的天堂，是由无所事事和充足的消遣娱乐项目构成的。但是从长远的角度来看，这种信念纯属误会。与通俗观念相反，大多数愉悦、满足、真正使生活变得富于意义而幸福的时刻，通常是我们运用大脑和肌肉克服了某些困难做到了某事的时刻。尽管我们中的许多人在努力成为非凡的消费者——拥有奢华的汽车、超大尺寸的电视、可以随时出国度假——但是事实上，这些东西并不能使我们感到幸福。娱乐消费能够消磨时间并摆脱令人厌倦的事务，但是却很少令我们对自己感觉更好。让自己深深投入到某个复杂的挑战当中，才是最令人爽快、开朗的事情。享受生活的最佳策略，就是锻炼你所掌握的任意一种技能，并尽可能充分地使用它。

在这些技能当中，最基本的就是身体技能。我们每个人最初都是通过控制身体和动作来体验自我的，事实上，婴儿通过伸手、拉、推、爬行以及攀爬认识了自身能力的极限。跑步、跳跃、潜水和弹跳带来的愉悦感则是人类体会幸福的一部分最基本的来源。随着年龄逐渐长大，我们仍会通过了解自己的身体能力去发展相当一部分自我认知。如果在身体能力方面表现良好，我们就感觉自信，如果身体能力不济则感觉羞怯，而如果我们有一具笨拙的身体，我们就容易发展出自卑的感觉。

相信你的技能

身体技能和心理状态之间的关联并非单向的，意识到这一点很重要。我们的想法影响着身体的表现，而我们的身体表现也对我们对自己的看法产生同等程度的影响。全世界有成千上万的人因遭遇意外而失去部分肢体，或者是他们的身体存在先天缺陷，但是其中那些依旧相信自己的能力、克服了重重困难的人，仍然练就了非凡的体育技能。这种联系——也许没有那么的戏剧性——同样适用于我们每一个普通人。我们能够拥有什么技能，能够将其发挥到何种程度，并非仅仅取决于身体的天赋，也依赖于积极的态度和正确的方法。

技能在流畅状态中发挥的作用很容易被误解。因为那种体验是自发的，毫不费力，因此许多人都认为达到流畅状态不需要任何技能。矛盾的是，他们没有意识到，只有当技能非常熟练，达到自动的程度，一个人才能够放下自我，行动自如，并且体验到流畅状态。在困难坡道上的新手滑雪者总是十分紧张，具有高度的自我意识：要么担心雪板边缘的具体位置如何调整，以避免在转弯的时候摔倒，要么做不到忘记自己，毫不费力的滑行。只有当新手成为高手之后，转弯变成无意识的自发动作，个体才能真正享受滑雪。

有句古老的意大利谚语是这样说的，“学习艺术，然后把它放到一边”（Impare l’arte, e mettila da parte）。这句谚语不仅对于艺术家和工匠们来说是个好建议，对于想要体验流畅状态的运动者来说也是好建议：将技能练习到你能够忘记自己具备这些技能的程度。如此，你才能够在运动中做到忘我。

我们相信自己能够做到什么，对于我们在生活中进行什么尝试，有着至关重要的影响。运动需要你培养一系列的身体和心理技能，从提升加速度，到在比赛策略需要你节省体力的时候约束自己。我们如何认知自己在特定运动条件中发展技能的潜力，对于我们最终是否能够在相应项目中成功，以及我们对此会产生何种感受，都有着深刻的影响。接下来，我们要教给你一些技巧，用来建立或改善你的自我对话以及对自我的信念。

找到挑战和技能的正确组合

为了在运动中体验到流畅状态，需要逐步提高挑战—技能平衡中的技能部分。你也许还记得，流畅状态模型中的横坐标就是技能。为了促使流畅状态出现，技能需要与运动所提供的行动机会保持同步。如果技能超过挑战，我们就有厌烦的风险；如果挑战大于技能，我们则会感到焦虑。

厌烦通常出现在我们找不到太多挑战的情境中。在与较弱对手比赛时，如果较强选手的目标仅仅是获胜，那比赛就会变得无聊。停留在自己运动表现的舒适区中，起初可能让人感到轻松，但是最终它总是会导致厌烦。

焦虑则十分容易识别出来。不过，一旦运动员进入超出自身技能水平的情境中，或是在他们不能或不愿降低挑战的时候，焦虑就会很难摆脱。至关重要的 CS 平衡只有在挑战和技能恰当匹配时才会出现。

所信即所能

关于挑战和技能的平衡，有一点非常重要，需要你牢牢记住：决定体验质量的并不是客观的技能或挑战水平，而是我们对这些因素的觉知。比方说，当出现高难度的挑战时，如果我们相信自己的技能水平很高，那么，相比于我们怀疑自己的能力，则我们更有可能拥有积极的体验，并获得成功的结果。

历史上最伟大的重量级拳击选手，默罕默德·阿里（Muhammad Ali）曾说：“正是由于缺乏信念，人们才害怕面对挑战，而我相信我自己。”在阿里每一次精彩绝伦的冒险背后，是这样的核心信念帮助他度过最艰难的比赛时刻。这个信念在阿里退役后也帮助他勇敢面对自己的疾病。

当然，如果我们的觉知没能立足于客观技能水平的基础之上，我们就可能遭遇盲目自信带来的负面效应。它可能会导致一位运动者立下不切实际的目标。不过，更为常见的情况是，无论先前的运动表现如何，我们仍然担心自己不具备足够的能力。

对自身技能树立信心的关键

信心不坚定可能会阻碍运动者体验流畅状态。因此接下来，我们要探索为什么在运动中，信心常常成为一个不稳定的因素。

跳出觉知不稳定的频道

根据运动的定义，它很少能够保证成功的结果。运动采用的竞赛形式保证了每出现一个赢家，就一定对应着存在许多失败者。许多超出个人控制范围的因素都会影响比赛的结果，例如天气、对手的技能水平或动机、比赛场地、自己的饮食情况以及心理准备等——这些仅仅是其中一部分而已。体育文化十分重视谁赢谁输，因此很容易让人陷入“唯成绩论”的误区之中。许多运动员和教练由于不断强调胜利的重要性而内化了这一观点。

当运动员或教练用来评价结果的唯一反馈就是赢或输的时候，危险就会降临。胜利并不自动等同于高技能水平，而排在第 2、第 5 甚至第 25 名也并不一定意味着个体的技能水平就低。如果你只以排名来评判自己和他人，除非你能保证永远不失败，不然你的自信心反而会逐渐被破坏。这样一来，想要体验流畅状态也会变得更加困难，因为“唯成绩论”使你对自己技能水平的觉知不稳定。你最应当关注的反馈应该围绕着你设定的个人目标，与此相关的表现反馈才是运动员所期待的。

跳出反复自我怀疑的频道

你曾有多少次在预备发挥技能的情境中怀疑自己的能力？即便你要做的事情以往成功过许多回，但自我怀疑依然可能出现，并且打破挑战—技能平衡。“我准备充分了吗？”“我真的具备所需的能力吗？”“也许上次我只是走运而已。”这些都是典型的怀疑自身能力的表述。当你觉知到的压力很大时，做出这类自我评论就会很常见。当比赛进入到最后 30 秒而且你正准备射门的时候，或者当你在奥林匹克决赛中正准备调动自己所有潜能的时候，自我怀疑都可能会忽然出现并将你拖进心理混乱之中。

负面思维通常是个很难克服的坏习惯。如果它变成了一套自动化的反应模式，它就可以主宰你的思想。

关于在需要自信的情境中遭遇负面思维的情形，苏伊讲述了她自己的故事。为了在生活中找到新的挑战，她决定学习飞行。她找了几家本地的飞行学校，获取了一些关于学习飞行包含哪些内容的信息。当选择飞行作为人生的新挑战时，苏伊知道有一部分原因是自己越来越害怕飞行。她经常作为乘客飞行——或者更加准确地说，她乘坐过许多跨越大西洋的航班。最近她发现自己在飞机穿过不稳定气流时变得越来越恐惧，但她觉得克服这种恐惧的一个好办法就是更加了解飞行，并且亲自去操纵一架飞机。

苏伊报名参加了一节飞行指导课的试听，课堂内容包括飞行前指导和半小时的飞行后说明。一进入飞行学校，她就直接被带上了一架教练机，并戴上了耳机。飞行前指导包括环绕参观飞机，同时快速讲解其机械原理和爬升、下降以及转弯技术——不包括安全演示或安全警示谈话，也没有提到在紧急情况下需要做什么。苏伊突然想到，如果没有人知道自己在哪怎么办？虽然她已经决定要登上这架教练机，但她忍不住想到，“如果出了意外，我死了，怎么办？甚至没人会知道发生了什么，或者是我在哪里。”苏伊本应听指导者讲解方向舵的工作原理，但是她发现自己在还没有离开地面时就开始思考坠机。苏伊并不想临阵脱逃，她明白自己需要改变这种思维方式。

因此，与其继续念叨所有可能出错的事情，比如与另一架小型飞机在空中相撞，在湍流中失控，甚至飞机就那么爆炸了（各种各样的想法全都在一瞬间涌进脑海），苏伊认为不如把注意力转移到理解当前任务上。如果她放任自己的负面想法，她就不可能把握好自己并从驾驶飞机的珍贵体验中得到乐趣。

教练机一升到空中，苏伊的自信就遭遇到了一个新的挑战。她发现自己没法听明白指导者让她做什么。加大了耳机音量后，苏伊依然只听到若干混乱不清的信息。指导者解释说，由于耳机老旧，可能工作不太正常了。他在教练机起飞之前已经做了说明，自己会通过耳机告诉苏伊她应该做什么，并且在需要移交控制权的时候，他们会使用“交出”和“接收”这两个词。因此，每当苏伊听到类似“交出”的语音，或者是一串无法清晰理解的指令时，她的焦虑水平就会急剧上升。她更多的是依靠直觉在飞行，而不是根据指示，而且她必须时刻提醒自己她能行。换句话说，苏伊不得不在没有指导员发出的信息的帮助下，克服她原来的负面自我对话。这个例子说明，在决定信心、表现和体验的品质时，我们对自己和他人所说的话具有非常大的力量。

不论是源于外部或内部的负面想法，都能够摧毁获得最佳体验的所有可能性。教练在赛前、赛中和赛后所说的话，足以对运动员的心态产生巨大影响。父母、伴侣、队友、观众、媒体、对手……有许多消耗自信的潜在反馈来源在与运动员对抗，因此自信不稳定也在情理之中。然而，尽管存在上述种种外部信息来源，但我们对自己所说的话，却比所有外部来源加起来都更有力量。

我们的内心知道拧哪把钥匙可以动摇我们。这个内心的批判者了解我们所有的弱点，它把我们以往所有的错误都分门别类，并在我们遇到挑战的时候准确地拣选出来砸向我们。学会控制自我对话，是我们建立自信的关键心理技能。

你是否曾经希望能够关掉自己头脑中那个告诉你，你现在在做和曾经做过的事情统统错了的声音？通过思想停止（thought-stopping）技术，你能够在接收到的信息不是你想听到的内容时关掉它，或者转换频道。

思想停止技术十分简单，只有三步。第一，关注你正在对自己说的内容。第二，当你觉察到自己正在说或想负面事情的时候，坚定地告诉自己“停下”以中断它。这个行为本身通常足以打断原来的思维。第三，使用正面的意识流去代替负面的，就像你在电视机或收音机上收到不想看或不想听的频道时换台一样。

尽管思想停止是一套简单直接的技术，但是它和其他所有心理技能一样，需要经常的练习和使用，才能发挥效果。尝试一次后发现自己滑回了负面想法，并不意味着技术无效，只是你还没有学会充分运用它。练习思想停止这个技术的终

极目标是，在你每次需要它的时候它都能够自动发挥效果。这才是对心理技能训练的真正检验：当你处于压力之下，你的想法是在对抗你，还是在帮助你？

⏭ 自我对话练习

这个练习需要你全天随身携带一个笔记本，因此你可以在有运动或活动训练的日子当中选择一天。你需要关注在这一天当中你都和自己说了些什么。每当你出现有关自己或针对自己的想法或陈述，就立刻在笔记本中记录下来。在这一天结束后，统计你记下的全部语句。在每句话后面，用“P”或“N”标记出这句话是积极的（positive）还是消极的（negative）。然后数一数积极和消极的内容分别有多少。这样一来，你就对自己使用自我对话的频率，以及它们给予你正面还是负面的影响，有所了解了。如果你发现自己有很多负面想法，尝试一下，看看是否能针对每个负面想法找出一个正面想法来替代，并且练习使用这些正面想法。一旦你发现自己在类似情境中出现了负面想法时，努力运用正面想法去替代。这一过程就像是在运动的身体训练中纠正一个错误的技术性习惯。你需要发现问题行为，并掌握恰当行为，随后不断练习这个正确技能，重新训练你的身体以便它能够适时做出你所需要的反应。

学会以积极的方式和自己对话，是另一个能够提升自信的有效技术。和自己对话并不是精神失常的征兆，而是一种自我觉知。有些人意识不到他们在和自己说话，而另一些人则已经十分熟悉自己内心的声音了。接下来我们做一个简单的练习，它有助于你了解你进行自我对话的频率和类型。

准备以及模拟训练

先前我们已经讨论了为什么准备对于流畅体验来说很重要。知道任务已经完成并且你已经准备好，这样的意识能够让你建立起信心并开启一段螺旋式上升：准备引发信心，而信心又引发流畅状态。当竞争开始时，确切地知道自己将面对什么而且毫不畏惧——这并不等同于全心全意期待比赛——源于对你所做准备的信心。好的训练，能够在比赛来临时提升信心水平。以下是一位桨手对某场比赛的描述，这场比赛对他所在的队伍来说十分圆满：

> 反正我们就是对我们能做成这件事充满信心。因为我们在训练中已经这样做过好多次……哪怕一丝丝恐慌或类似感觉的迹象都没有……只有冷静、团结，甚至到达终点时也是如此。那感觉就像是我们已经在模拟训练中这样完成过无数次了，所以现在我们不过是在这个情境中和其他队伍一起再完成一次而已。在某种意义上，比赛中的一切就像是钟表的指针一样可以精确预测。

模拟训练对于许多运动项目来说都是十分有用的工具。模拟需要在训练情境中复制比赛环境。包括诸如围观者的噪声、比赛服装、唤醒水平等各方面因素在内，赛事模拟得越真实，这种体验就越有效果。当真正考验你技能水平的时刻来临，意识到自己曾经完成并且获得了成功，能够极大地提升自信。

上文例子中的桨手提到，整场比赛的进行像钟表一样按部就班。这句话实际上表明了良好准备工作的另外一个益处——当准备工作足够充分，则比赛中的运动表现近乎于自动发生。如果信心水平较高，你就不必有意识地思索自己运动表现中的每一个细节。这能解放运动者的头脑，使其更加全心投入到运动的整体表现上。

当流畅状态发生时，运气往往随之而来。前德克萨斯大学著名教练达雷尔·罗亚尔（Darrel Royal）有一次说道："运气就是好准备碰上了好机会。"英雄所见略同，美国前总统托马斯·杰斐逊（Thomas Jefferson）在两百多年前曾经说过："我虔诚地相信运气，并且我发现，我越是勤奋工作，我的运气就越好。"

在挑战—技能平衡木上保持平衡

流畅体验中最为积极的性质之一就是它的流动性。它不是一个静止不动的状态，而是灵活可变的。通过调整挑战和技能的水平，几乎所有情境都可以转变成为出现流畅体验的潜在情境。你可以调整流畅状态模型中的挑战坐标，你也可以选择改变技能坐标，只是后者可能需要多花些时间。不过，提升你的运动技能，能够增加流畅体验出现的可能性。

对于精英运动员来说，技能因素——或者更准确地说，信心因素——通常会成为两个坐标轴中更关键的那一个。因为竞技水平很高的运动员所面对的挑战水平往往都是比较高的。而在具有同等客观挑战水平的不同情境之间，信心却可能存在波动。当被问到流畅状态中什么因素最重要时，精英运动员们提到的最频繁的一个因素就是信心。正如一位优秀运动员所说，"信心决定一切。"

运动员在高水平的竞争中会面对很大压力，特别是当他们对比赛的结果抱有很高期望时。个体在压力面前可能难以树立或保持信心，但是一旦能够做到，就可以将运动体验提升至流畅水平。当面对巨大的挑战时，运动员具备的一些元技能（meta-skills）可有助于产生流畅体验。例如，动机强大，养成了专注的习惯等，当然，技术技巧也需要到位。当运动者能够在一个高压力的情境中保持高信心时，他们体验到流畅状态的概率就很大了。

一名国际级英式橄榄球运动员在回忆世界杯决赛时提到，他所在的队伍面对极高的压力保持了信心，并体验到了流畅状态：

> 进入比赛的最后阶段，当时有很大一部分压力来自于那些正在看比赛的人，许多球迷都认为我们会输……我当时处在一种完全放松、完全自信的状态中。我一点都不担心，我心里在说："他们下一步会怎么做？我们是否需要采取防守的站位？"一丁点恐慌的感觉都没有。我们还有很多信心可以去拼搏。假如我们失去了它（信心），那就会像是一堵墙倒下来砸在我们身上，好比天塌下来让我们用肩膀顶着……毫无疑问，当时压力非常大。但是压力好像没有进入到比赛当中。信心战胜了压力。

显然，尽管赢得比赛的压力大得难以承受，但这支球队通过保持同样高水平的信心来匹配压力，从而将其转化为一个积极因素。最终，这支队伍赢得了世界杯决赛。

努力提升信心水平，并运用本章中提到的技术，你的技能坐标将能够和随着你在运动中进步而遭遇的越来越高的挑战保持同步。

成功情境

有句古老谚语说，没有什么别的东西能像成功一样孕育成功。这句谚语中的启示同样适用于信心。成功或许意味着赛事的最终结果，但是它也可能意味着你的运动表现展示出了稳定性或特定的新技能。运动成功的定义可以有很多种，它只取决于在一个特定情境中运动者可以设定的目标数量。每个目标都是一个衡量最终是否成功的标尺。

因此，重视目标提供了一种优化成功体验的方式。设定多重目标使得教练和运动员拥有多个成功的机会。教练可以通过建构外部环境来促成不同目标，而运动员则可以通过控制自己的内部环境，即自我对话的内容和目的，来提升获得成功的概率。

相信你自己

信心对于流畅体验的重要性，无论怎么强调都不为过。虽然挑战的水平可以调整，但运动项目通过清晰的结构和规则，在很大程度上定义了挑战。当然，借助个人对挑战的重新定义，运动员能够找到若干条通向流畅状态的路径。但是，如果没有“我能应对来自不同方向的挑战”这样的信念，流畅体验依旧会难以触及。自我信念（self-belief）指的是一个运动员对自己作为一个运动员而持有的核心看法。它的建立或破坏，取决于近段时间内的运动体验以及个体对这些体验的理解。学会培养信心，并且不让信心轻易受到运动环境的影响，能够保证运动员发展出一个积极而牢固的自我信念。而这将为确立许许多多积极的运动体验打下坚实的基础。

最后，让我们用一份个人技能量表来为本章收尾。找出若干重要技能，它们要适合于你的运动项目。记住，要涵盖身体、心理、技术和策略等多方面的因素。把这些技能写在表 3.2 的第一列中。在第二列中，用从 0 到 10 的分数，为这些技能对于你取得成功的重要性打分。在第三列中，则针对每项技能，为你当前认为自己所处的水平打分。比较第二列和第三列中每项技能的分数，后者低于前者的，就是你要着重发展的技能。当挑战和技能对于个人来说水平较高，并且二者大致匹配的时候，流畅状态才会出现，因此需要根据 CS 平衡来看待你的分数。你可以把第二列看作挑战水平的分数——你的挑战就是掌握这项技能，并达到与你给出的分数对应的水平。那么第三列就代表了你所觉知到的自身目前的技能水平。你的技能分数与挑战分数相比，如何呢？

表 3.2 个人技能量表

技能	重要性评分（0—10）	觉知到的技能水平评分（0—10）
身体技能		
心理技能		
技术技能		
策略技能		
其他技能		

第4章

超越常态意识

生活在现代社会，意味着我们必须跟上高压力生活方式匆忙的节奏。整体氛围充满了竞争性，雇主们乐于奖励那些不断突破极限向前冲的员工。生命中的每一分钟都有马上要做的事情，还有许多我们早就应该完成的事情。然而，计划列表上的事情越多，我们各种愿望选项之间的潜在冲突就越多。运动也是如此，这种难以取舍的情形十分常见。“我是否该为下周的比赛减轻训练量，因为我不必那么辛苦也有希望获胜，还是说，我该为争取三个月后的比赛胜利继续保持较大训练量？”“我是不是花了太多时间在训练上，以至于忽略了我的事业和家庭？”

常态意识

无休止地耗费精力并不会创造出高质量的人生。我们一路狂奔，连美丽的花朵也不曾停下来欣赏——有时我们甚至没有发觉它的存在。

为了在这个竞争型的社会中获得成功，我们必须不断推进自己的能力边界。今天，要想在高水平的运动中有所成就，需要一份超越平凡的决心。随着运动员和教练不断挑战极限，这样的“高速列车”难免令人感到疲惫。我们的心理和身体一直在超速工作。我们的思想从一件事跳跃到另一件事上，不停追逐着新的角度和机会。我们几乎从不关注当下，因为我们总是急迫地想去触摸尚未出现的未来。

许多人把成功的高标准内化了，这更加导致人们惶惑不安、无所适从。我们不断告诉自己，我们做得不对，并且苛责自己的成果。我们对自己的要求过高，随之而来的必然是怀疑和幻想的破灭。这些把人逼疯的过分要求会导致常态意识（normal awareness）变得麻烦不断，而敬业的运动员必须学会处理不必要的自我怀疑和自我批判。这就是为什么与日常意识相反，流畅体验如此令人心旷神怡的原因。自我意识或自我评估起到了拨云见日的作用，将我们的身心感受无比清晰地呈现出来。

流畅状态中非凡的觉察力

流畅状态给予了我们一些想法清晰连贯，并且不受自我怀疑和担忧约束的时刻。对于当前任务完全投入是个体处在流畅状态中的最为确定的标志之一，而且这种全心投入与常态意识恰好是对立的，在常态意识下，在稍长一点的时段当中保持单一念头都相当困难。处在流畅状态中的运动者对将要实施的事情有清晰、确定的感觉，并且其注意力在进行运动表现期间不会受到干扰。

> 殿堂级的运动员，诸如韦恩·格雷茨基（Wayne Gretzky）、泰格·伍兹（Tiger Woods）以及迈克尔·乔丹（Michael Jordan），往往在自己所从事的运动项目之外也肩负厚望。他们都曾提到，只有在球场或赛场上，他们才能从外界干扰中解放自己，并找到那种特别的专注。许多人将之称为“逃离”现实，但他们真正想要说的是：运动是唯一能在日复一日的担忧和期望之外为他们提供庇护的地方。事实上，这也是他们可以打磨自己所有的感官，完全投入当前活动的场所。

西蒙——你在早前章节中读到过的自行车选手——谈到他在比赛中体验到流畅状态时，能够在 3 小时甚至更长的时间内保持高度专注，这令他自己都感到十分惊讶。下面是他对自己在这些情境中觉察力的描述：

你对事物的觉察正在以 180% 的高水平运作，而且所有细节无一遗漏，因为你知道待会儿你将会回头审视它们并进行分析。因此，即使我深深投入到当前任务中并对它全力以赴，但同时所有事情都被如实记录下来了。

虽然描述了这种全心投入到骑行中的状态，但与此同时，西蒙也意识到自己比平时更能觉察到周围发生了什么：

我知道我并没有在看风景，但是风景总是在我的注意范围里。那些你并没怎么留心的事情，或者你并没有特意准备好去接收的信息……一切都像是广角镜头，你越投入其中，它记录的越好……你注意到的越来越多，因为诸如疼痛、恢复不足、缺氧等个人问题或是其他任何事情都被置于脑后。你能觉察到的感受远远多于平时——（你有）充足的能量去注意其他事情。

广角镜头能涵盖更多的信息，用这个比喻来描述伴随着流畅状态的意识增强十分恰当。西蒙也谈到自己拥有了更多的能量去注意那些平时注意不到的事情。因为他没有分心，因而有更多的注意力可以灵活运用，这些注意力没有耗费在质疑和担忧上，而是用来接收那些平时不会注意到的细节。

⏭ 全心投入你当前的任务

你完全沉浸在手头的事情中时感觉是什么样的？你是否拥有一个广角镜头，能让你觉察到身边所有的事情，或是你的注意范围变得狭窄，只能看到自己眼前的活动表现？说一说，当你完全投入到当前活动中时，你的意识发生了什么变化。你能想到是什么帮助你进入——或者是什么将你带出——这种完全投入的专注状态的吗？

全心投入的关键

在流畅状态中出现超越常态的意识水平，是一种非常特殊的体验。但是，实现它需要克服一些困难的阻碍。简而言之，你必须专注于把你的意识有效地聚焦在你的身体、你参与的活动过程以及动作本身上。

忘记你自己

所谓完全投入，意味着个体没有任何心理空间去担心自己。放下对别人如何评价自己的担心，等于从自我意识中解放出来。事实上，达到流畅体验中全心投入状态的最大障碍，也许就是你自己。流畅状态中出现的自我意识消失现象，是区别于我们日常心理功能运作的一种解放体验。通常人们总是太过于在意自己，在意自己展现给他人的社会人形象——我们根据自己理解的外界对我们的期待，来评价自己的行动和想法。

由于公共性是运动的本质属性之一，它提供了许多让个体被评判的机会，因此，运动重视自我评价。首先，你会评价自己的表现，而身边亲近的他人，比如教练和队友，也会评价你的表现。然后是公众，可能包括懂行的和不懂行的观众，也会对你做的够不够好议论纷纷。对于那些登上世界级媒体的高知名度运动员来说，评价来源之多更是令人难以想象。每个人在评价他人时都变成了专家，而一次不好的结果就能够引发舆论的密集批判。

因此，无怪乎运动员常常会自我批判。有些自我批判是当你在运动中不断进步时，通过他人的反馈习得的。提升技能需要这些反馈，而且，要成为一名独立的运动员，确实有一部分必要的修炼就是能够承担起评估自身表现的责任。但是，运动员的知名度越高，他们就越有可能收到大量批判。如果你不能学会在一定程度上忽视外界的评价，你最终就难免过于严苛地评判自己。

运动员可以学着忽视充满敌意的媒体并过滤来自他人的反馈，以此屏蔽外界的批判。最难以屏蔽的批评，通常是你自己头脑里的声音，同时，它也最清楚你真正的弱点和自我怀疑的地方。想要关掉这种声音需要进行充分的心理训练。当你的精力都被对自己的担忧所占据时，你自然没法将其运用在赛场上。担忧通常表现为分心，即在压力情境中，注意力常常从任务上游离。那些自我担忧的运动员之所以会表现失败，是因为信心不足导致缺乏专注力。

当运动要求将一个人的身体运用到极致时，运动员如何能够忘掉自己呢？事实上，对于身体和动作的觉察在流畅状态中将会增强，而对一个人的自我（ego）或社会身份的觉察则会隐退到背景当中。我们在身体和表现上投入的注意力越多，留给反复纠结于保存脸面或惊艳他人的注意力就越少。

当你感到自己有可能分心时，将注意力聚焦在你的呼吸节奏上，或是聚焦在你的肌肉不断变化的细微感觉上，都会是很有帮助的。学会倾听身体传递给你的信息，是实现全神贯注和改善运动表现最有效的方式之一。

通过把注意力放在你的身体上来使你忘掉自我，这听来似乎有点自相矛盾。其实，你忘记的只是自己身上质问、批判和引发自我怀疑的部分。放下评判能解放一个运动员，从而使其完全投入到当前的任务中。此时运动员有更多的精力可以放在表现上，而信心在自我意识不能进入注意范围的时候也就无法被削弱了。

无自我意识的运动员不会去担心任何批判，无论是真实存在的或是想象中的。他们没有对失败的担忧，也不会去思虑不成功的结果，以及它们意味着怎样的评价。这些无自我意识时刻的行动能够将个体的潜能完全地发挥出来，而不会受到任何担忧的限制。运动员很珍视这样的时刻，因为在这样的时刻里，他们的行动闪耀着自由的光芒，并传递出强大的感觉。

一名优秀的滑雪运动员被问到流畅体验中有哪些重要方面，对此她强调了失去自我意识。她提到自己在生活中做每件事时都具备自我意识，因而能经历从这些担忧中解放出来的时刻非常重要。对于这位运动员来说，自我意识在缺乏信心的时候会更加凸显出来，她从运动中发现了这一点。而任何缺乏信心的微小迹象——包括对自身表现的批判——都会很轻易地传递到别人那里。流畅体验帮助这名运动员树立了信心，向她显示了从自我意识的限制作用中解脱出来后她真正的潜能。

让你的对手去担心他们自己

对于运动员来说，另一个干扰源就是对手。担心对手可能会做什么，以及在面对对手时如何继续进步，这些都会阻止一个人专注于自己的表现，因为至少有一部分注意力被分散到了对手身上。当然，在某些项目中，运动员的任务就包括了密切注意其他人在做什么。比方说，在一场中距离径赛中，个体有必要注意其他运动员以便自己能够保持梯队；即使在更简单的层面上，个体也必须注意其他运动员，如此才能防止自己绊倒。另外，在大多数团队运动项目中，成功意味着个体运动员能够完成正确的动作，并且能够针对行动迅速的对手做出适当的反应。这些注意内容均属任务所需，对于达到最佳表现来说也是十分必要的。

和对手相比我做的如何——也就是说把自己和别人作比较——正是这样的忧虑造成了注意力的不足。我们无法控制对方做什么，我们能主导的只有自己的表现；而我们的行动也切实影响着对手能做的事。因此，在任何一场只有一个最终赢家的竞赛当中，这一切都是策略的一部分。不过我们的动作有可能遭到某位对手的强力反击，对于主导权的争夺也会持续进行。然而即使你充分了解了对手会

如何反应，你仍然没法控制对方在任一特定情境中的具体反应。

过于关注对手会将你的注意力带离自身的运动表现，而任何意外的或者不理想的反应都可能进一步干扰你，让你感到心烦气躁。如此一来，你尝试控制的对手可能反过来控制了你。要学会将你的自我从对手的行动及其对比赛结果的意义中剥离开，这项重要的技能可以解放你的精力，以便能够将它花费在你自己的表现上。

将环境作为前提条件来接纳

运动会发生在形形色色而且并不理想的环境中，而每一种环境都有可能改善或者毁掉一个运动员的体验。室内运动包含的环境因素一般较少，但是地面的类型、室内的温度和湿度，以及这些条件在生理上的宜人程度，都可能影响运动员体验的品质。在室外运动中，运动员则受天气的制约，风力风向、温度、湿度对运动员的表现会产生巨大影响，地面往往也不平坦。运动的节奏和势头可能由于这些条件的改变而被打断。

除了物理环境，无数的社会因素也能创造出独特的环境。观众的存在或缺席创造出来的影响有可能使运动员分心；家人和朋友也会使运动员头脑中产生额外的期待；还有队友之间以及运动员与教练之间的互动，等等。所有这些因素都会影响运动表现发生的社会环境。除了其他人带来的影响，运动员头脑中重播的近期事件也具有潜在影响，它会消耗个体的精力或注意力。此外，加上其他人在个体进行运动表现之前和之中传达过来的反馈和信息，环境中潜在的担忧来源进一步增加了。另外，裁判也能够引发运动员的担忧或其他负面情绪。是的，如果你允许自己被干扰的话，就会有无数的事情可以去担心。它们都能阻止你融入运动体验之中，进入流畅状态就更无从谈起了。在一项对精英运动员的研究中，参与者报告了超过 70% 流畅状态的中断是不理想的环境或情境性影响造成的，其中大多数不在运动员控制之内。

基于运动的本质，会有很多障碍阻止你全心投入到运动中。一方面，体育项目具有清晰的结构、逐步提高的挑战，以及实现目标的机会；所有这些都对进入流畅状态十分有利。但是运动对结果、赢家的强调，以及对自我分析和自我批判的鼓励使运动员难以从担忧和自我意识中解脱出来，然而自由的感觉却是流畅体验的一部分。不过，你可以调整注意重心，重新考虑自己的主观认知，并由此找回你的 CS 平衡——即便是在最不利的条件下。

专注于过程

专注于过程意味着在运动期间，要把注意力放在动作、策略和技术的表现上。简而言之，过程就是做。与过程相对的是后果，你所作所为的最终结果。我们已经谈到过对结果的在意如何妨碍了你持续停留在当下，这也正是为什么我们提倡专注于过程：过程就发生在当下，专注于过程能够让运动员在任务不断进展期间将重心锚定在自身表现上。

当你明确地知道自己接下来应该做什么的时候，保持专注于过程是比较容易的。针对表现的每一个部分，都设立了清晰的目标，这样保证了你能够注意到有关的线索——而且只注意到它们。就保持专注于过程这方面而言，重点是不要超前于你自己。尽管提前计划好后面的动作或比赛可能很重要，但是主要的注意力还是应该放在当前这一刻。

停留在当下是保持专注于过程的好方法。当注意力集中于正在发生的事情时，你会完全地觉察到正在影响你意识范围的所有事物。保持这种专注意味着你在前进，和当下发生的一切保持着协调同步。你不会向后退步，忧心于过往的错误，也不会超前跳跃到未来要做的动作上。通过充分停留在此时此刻，你成功地把自己锚定在了表现上。你能掌控自己的行动，因而也能够指引它们的走向。

一体感与时间的变形

我们在第 2 章介绍了 9 个维度，它们全部都是引发和描绘流畅状态的心理特征，但其中有 3 个尤为特别：行动—觉察整合、失去自我意识以及时间的变形。这 3 个维度清晰地展现出这种心理状态具有超越人们日常体验的非凡特性。接下来，我们会借助运动员们自己的话来为读者描绘这种特殊的意识，并说明它如何使寻常的体验发生转变。

当一体感（oneness）在对过程的专注当中占据了主导位置，做动作的运动员和动作本身之间的界限就变得模糊了。在这样的时刻，用叶芝的诗句来说，舞者和舞蹈变得难以区分了。当这种情形出现，运动员本人也不会再认为自己独立于自己所做的动作，个体全部的意识都和正在进行的表现紧密融合。当一名运动员从这个状态中脱离出来后，他可能会对自己移动的距离或是用掉的时间感到惊诧不已。

一名三项全能运动员描述自己在流畅状态下体验到的完全投入时说，人们常问她，她是如何在长达数小时的比赛中保持专注的：

人们总是在问："你是怎么保持专注的？你当时在想些什么？"其实，根本没有时间可以用来想除了你正在做的事情之外的任何东西。即使是在铁人三项赛的 9 个小时里……当我感到状态不错时，我并没有在想等会回家了我要吃什么，或者是我要做什么。每一分钟我都在重新评估"这事我做的怎么样"以及"我是否摄入了足够水分"，诸如此类。

完全投入任务或者对当前进行的事情有浑然一体的感觉，这种情形随着运动员和项目的不同会有不同的表现方式。一位长跑运动员提到，自己在某次 10 公里比赛中全程处于流畅状态，因此虽然由始至终都有摄制组在跟拍，但是她一点也没有注意到他们的存在。而我们的骑手，西蒙，则将自己的觉察范围比作广角镜头。相比起来，这两种描述很不一样，但是两名运动员的意识与其表现完全协调，这一点却是一致的。由于个体情况和运动项目不同，运动员在流畅状态中处理信息的方式自然有所不同。有时，运动员会觉得他们是这个世界上仅存的一个人；有时，运动员会感觉周围所有人和所有事都融入了自己的体验之中。一名花样滑冰选手很好地描述了这一现象：

其他所有事物都消失了。虽然你正精确地跟随音乐节拍做着动作，但一切都像是慢镜头。其他任何事情都不重要了。就是这么奇怪，有种怪异的感觉。观众从意识中褪去，除了某些掌声太大的短暂时刻——事实上那也只是我们的一部分。这些都是我们体验中的一部分，它们从未导致我们失去专注。

行动与觉察相融合的这种感觉近乎神秘，它也是僧侣或瑜伽修行者试图通过坐禅或冥想达到的境界。篮球运动员与球和篮融为一体，游泳运动员与水融为一体，自行车运动员把车视为他们躯体的延伸。滑冰选手等其他表演者则通过音乐、观众和整体环境来感受这种整合。

跳出客观时间

深度流畅状态中可能出现的客观时间感丧失与注意力的完全投入有关，与普通情境相比，这可能会导致个体忘记时间的流逝，或者导致个体感到时间在以不同寻常的速度流逝。一个跑步的人可以使用秒表或腕表在长跑开始和结束时计时，并可能会惊讶于自己所感觉到的时间和真正用掉的时间之间的差别。时间对于有些处在流畅状态中的运动员来说是停止的；对于另一些运动员来说，时间流逝速度看上去可能比实际上更快或更慢。百米短跑运动员多诺万·贝利（Donovan Bailey）曾表示，他在奥运会上夺冠那次的 9.8 秒感觉上像是永恒一样，时间仿佛被拉长到了难以置信的程度。

一名花样滑冰运动员则讲述了她在流畅状态中体验到的掌控感，这种感觉使得她的时间知觉流动性更强了：

> 时间确实会变快和变慢，它甚至会随你的心意而变。在这独一无二的时刻，运动员会感觉自己像上帝一样……就好像是透过你的心理和身体，你拥有了对自己的终极掌控，并且这样能改变时间。比如说，如果你更加

专注，（时间）就会变慢。如果你对某事感觉很好，一件很困难的事，一件通常来说会需要较长的时间的事，（时间）会走的非常快。

流畅状态中的时间维度是注意力完全投入的特征之一。对于某些运动员来说，这种时间变速的感受或是维度可能很少出现，但对于其他人来说，这是他们完全沉浸在流畅状态中之后一个经常出现的特征。

⏭ 时间为你而变吗？

当你处于流畅状态中，你是否有一种时间流速和平时不一样的感觉？可能是变慢，也可能是变快。或者它和你平时的感觉一样，一点变化都没有？如果你感觉到时间的流逝速度有变化，请说说你体验到了什么。过几天后，请再次回顾你的体验——那个你完全投入到运动表现中的时刻。发生了什么没有？时间流逝有变化吗？变化和当时还一样吗？

跳出费力的感觉

运动员常常提到，在流畅状态中，他们能够自动做出动作。这并不意味着他们变成了机器，没有了情绪和意识。相反，觉察变得如此完整，运动员精确地明白自己每时每刻该做些什么，因而不存在丝毫去考虑或质疑自己行动的需求。这样的结果就是个体感觉运动表现是毫不费力地自动发生的。其实，运动员付出了大量熟练的努力，但是因为运动员并没有强制自己做动作，所以就仿佛运动表现是自发向前进展的。这种知觉超乎寻常，也难以描述。一名滑冰选手是这样描绘这种模糊状态的：

那种感觉近乎于你不必思考……就好像所有事情都不用（你）去想，就自动发生了……你就好像开启了自动驾驶模式，所以你脑中没有任何想法。这感觉多少有点奇怪。你听见了音乐，但是你却没有注意到自己听见了音乐，因为它只是整体中的一部分。

关于流畅状态，运动员还常常提到觉察的另一个成分：动作随着流畅状态的出现变得简单。运动包含着身体上多种程度的努力，而所有的运动都会把努力的水平提升到平均线以上。为了表现出一个人的最高水平，或者超越某个现有的标准，需要针对任务坚定地付出心理和生理两方面的精力。运动员们十分惊喜地发现，当自己处在流畅状态中，会感觉更容易做出高水平的表现，并且无需更加费力。这种模式与他们预期的或者习以为常的恰恰相反，因而有点难以理解或形容这种状况。一名三项全能运动员尝试着描述了这种努力较少却表现更好的玄妙情形：

就好像我正从地面上漂过去，虽然那肯定需要费一些力气，但（也）没有费多少……你能够控制自己费多大劲，因此你做起来感觉好像确实挺简单的，尽管你知道自己真的投入了很多努力。它需要你付出的没有训练时或在其他比赛中那么多。你跑的很快，同时看上去很轻松……这很难用语言描述，只能靠你自己体验到……感觉就是你知道自己非常、非常努力，你正在以自己最快的速度奔跑，同时你却跑的很轻松。两方面并不一致，但它就是这种感觉。

感觉运动表现轻松、自如、需要花费的努力较少——这些特点似乎与“没有付出就没有收获”“越多越好”“努力越多收获越大”这几句俗语背道而驰。可是，因为在流畅状态中，心理和身体的表现得以加强，因此，进行运动表现的负担变少了，看上去更像是游戏一般——这正是体育的初心。

流畅的清晰性

在流畅状态中，清晰的目标和高度的觉察相互结合。个体可以在不同的水平和强度上体验到它们。举一个极端的例子，高风险的运动项目能够提高清晰度，正如出色的徒手攀岩运动员彼得·克罗夫特（Peter Croft）所解释的：

> 当你独自攀爬一条长线路时，你会进入一种节奏，它不仅仅令人感到狂喜……你还会获得一种超凡的清晰感，你目之所及的事物都变得非常、非常确凿，没有一丝模糊。

徒手攀岩，或者说不带绳子的攀岩，会将攀岩者置于一个极端危险的情境中。极少有人选择这种形式的攀岩，而在这些人当中，克罗夫特被公认为具有非凡的天赋。他所描述的自己徒手攀岩时这种极致的清晰感，部分解释了为什么他在这种很少有人愿意尝试的项目中如此成功。由于没有安全绳的保护，克罗夫特不得不强制自己把所有注意力聚焦在当前他要完成的路线上，并保持自己的思维清晰不受干扰。结果，他发现徒手攀岩将自己的心理敏锐度提升到了极致，使得

他完美地看清事物的所有细节，并找到了引发流畅体验的行动节奏。

徒手攀岩者体验到的兴奋程度可能比我们大多数人会体验到的——至少就我们平时能体验到的程度而言——要强上许多。尽管如此，运动所能提供的目标清晰程度远远高于我们在大部分生活琐事中能体验到的。所有的运动都具有结构化的规则和目标，以便我们的心理和身体能够进行完整而和谐的互动。个体应当了解如何全神贯注在更加清晰更加可及的目标上，从而在已有的结构之上进一步建构，这样才能使你更容易从运动以及整个生活中获得最大的享受。下一章我们将会讨论为什么对于流畅状态来说必须存在清晰的目标。

第 5 章

明确你的前进方向

心理上的幸福需要整个有机体的参与；如果对注意力没有明确的需求，思维就会开始转向个人问题。当看起来无事可做的时候，思维就变得不专注了，我们就可能开始感觉到沮丧。当精力没有被放在特定和有目的的方面时，生产效率就会下降。悲伤和厌烦就会开始占据我们的意识。多数人认为快乐就是能有空闲时间去做他们想做的事情。但是，仅仅有空闲时间是不够的：我们还需要一件能够让思维专注的事情。

流畅状态可以避免我们对生活低谷进行反刍，从而提振心情。如果我们在追求一个可行的目标时，能够将心理能量聚焦其上，那么对日常生活的担忧自然会被暂时搁置。当处在流畅状态中时，我们对自己必须要做的事情有清晰的感知，这些目标会在每时每刻指导着我们的行动。

对于进入流畅状态来说，最重要的一点就是知道你在努力实现什么。根据用来定义不同项目并且会不断演化的内在结构，运动为个体的行动提供了清晰的目标和规则。不论你决定参与哪项运动，它都总是带有自己的规则和界限，以便为项目的玩法提供一个清晰的结构。目标则是这种结构里的关键部分。例如，在许多地面和团队项目中，得分是目标。因此必然存在清晰的规则用来说明如何得分，比方越过对方的得分线或是把球放进得分区里。

许多运动的规则手册都是大部头，里面非常详尽地列出了各种动作的可能性及其相应的评分标准。比如体操，每项技巧动作包括其可能出现的变化都有一条计分规则，集合起来成为一整套计分体系。在设计体操动作时，运动员和教练会根据这套体系来决定使用哪些技巧，以达到特定的分数。这样一来，目标或目的足够清晰，运动员和裁判因而能够在表现时精准地投入到这套体操动作的每一个技巧元素中去。

运动中这种清晰的行动结构能够彻底解放个体的心理能量。一旦运动员习得了有关的规则和目标，那么她的全部注意力就都可以放在调动自己全部的潜能去完成任务上。

这就是为什么运动这么令人愉悦的原因之一了。运动自诞生起就为人们提供了明确的目标和规则，所以我们能够全身心地投入这些需要完全沉浸的项目中。运动吸引着具有不同动机的各类人群。一名运动员的目标可能是做好心理和身体的准备，以打破纪录；一位观众的目标可能是欣赏一场紧张的对抗赛；一名教练的目标可能是帮助队伍发挥出最强的实力。

运动中的目标随着时间阶段的不同也会发生变化。在比赛开始前，运动员专注于为即将到来的表现进行身体训练和心理排演；在比赛中，运动员的目标可能变成了适应预料之外的情况；在比赛结束后，运动员可以根据比赛的收获来调整自己的目标。考虑到运动提供的上述各种机会，就不奇怪为什么它是迄今为止人类开发过的最能提升生活质量的活动了。

把胜利当作目标或路标

许多教练和运动员相信，唯一值得为之奋斗的目标就是胜利。毫无疑问，竞争是运动的精髓。运动目标之所以如此清晰，正是因为其目的就是跑得最快、得分最多、跳得最高、把标枪或铁饼扔得最远……每个人都能观察到运动表现并作

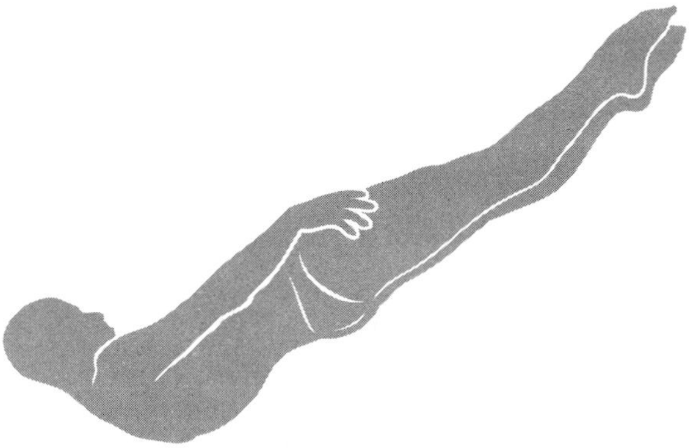

出评价。而胜利，是这段充满不可预测性和张力的戏剧化表现之后的欢呼时刻。胜者兴高采烈，观众也感同身受地体验着赛场竞斗的结果。如果没有竞争，人们就容易走神或心不在焉——跌出流畅状态。

但另一方面，如果运动员唯一的目标就是赢的话，流畅状态同样也岌岌可危。如果你把所有的注意力都只放在获得胜利上，那么你就没法注意到当下正在发生的事情。你注意不到自己跨步的速度、呼吸的频率或是对手正在做什么。你会变得焦虑，为了获得唯一对你来说有意义的奖励——胜利，你失去了原本因为动作做得好、策略选得好，或单纯感觉到付出艰难的努力后身体发挥了最好水平时能够享受的愉悦。

双刃剑

比赛可以成为运动表现的有力动机，并创造高挑战性。从这个意义上来说，比赛竞争是有利于流畅状态的。在大多数个体心中都存在着竞争的元素，而运动则将这种动机广泛地渗透到生活中。比赛提供了一个在客观评价领域内测试技能的机会；参与比赛，就能获得关于你技能的反馈。

然而，如果考虑到流畅状态的达成，比赛可能是一把双刃剑。竞赛过程中重视和贬抑的事物是比赛对运动体验产生影响的关键。当胜利和超过其他人成为最高追求时，运动体验的过程就会变得迷茫不清，通向流畅状态的道路也会变得更加艰险。

比赛的路线图

比赛（competition）这个词由“con”和“petire”这两个拉丁词衍生而来，其意思是“一起探寻”，记住这点很有帮助。了解自己的技能究竟如何的最佳方式，就是和其他人进行相应的技能比赛。比赛的核心并不是打败别人，而是为了探索自己最好的水平。

事实上，运动在历史中不断演化以便提供清晰的目标，但这并不意味着一个人只要参与了运动就能自动明白应该做什么。项目为运动表现提供了一份路线图，但是这地图必须要先被运动员内化，它才能在个人层面上提供指引，促使运动表现变为自发的、无意识的。不过，第一步仍是要标出清晰的目的地。

比赛计划的关键

当精英运动员被问到，是什么阻止他们体验到流畅状态的时候，答案中常常出现身体上没有准备好，或是没能为这次比赛准备好等。这其中包括很多生理方面的因素，诸如身体感觉不适、饮食或液体摄入有问题、疲劳和伤病等。

调整你自己

如果一名运动员知道自己没有做足够的训练来使自己保持在一个好的竞技状态中，那么流畅体验就不太可能出现。但从另一方面来说，因训练过度而感到疲劳也是妨碍流畅状态出现的因素之一。在过多和过少训练之间找到一个平衡，对于运动员和教练来说同样关键。一名三项全能运动员是这样解释这个问题的：

> 前一天的训练带来疲劳……过量训练可以和其他事情一样，阻止你到达那里（流畅状态）。但它就像“第二十二条军规”那么自相矛盾，因为唯一能使你进入那个状态的，就是大训练量。

在一个赛季内的不同阶段，由于运动员在高强度训练阶段承受的训练量不同，特别是在阶段化训练中，进入流畅状态的难易程度可能不一样。从另一个角度来说，如果缺乏高质量的训练，运动员的身体可能就没办法在有助于技能增长的水平上运作，因而进一步地，使得进入流畅状态变得不可能。当身体准备没有达到最佳水平，运动员在表现时往往会对自己能够完成的事情变得不确定。这种不确定性使目标变得不够清晰，从而也使得进入流畅状态变得困难。

有时运动员做好了身体准备，却在其他方面的赛前准备中失败了。他们在临近比赛时所做的准备可能有些匆匆忙忙缺乏条理，或者他们没有留出足够的时间来为即将开始的比赛完善心理或策略上的准备。没准备很可能成为一个巨大的障碍。一名赛跑选手这样讲述了自己没做好比赛计划的后果：

> 如果你只是站在障碍物面前，期待着奇迹出现，却没有想过你需要思考的事情，那么它就不会出现。

理解你的目标

当运动员没有任何目标，或是不相信、不重视这个目标时，他们就不会有参与比赛的动机；而没有动机就不会有能量或动力去寻求挑战。一个人在面对重大事件前产生的紧张感，就是想要做好的明确标志。如果完全缺乏动机，运动员可能会过于放松，进而发现自己难以掌控最佳表现所需要调动的能量。如果动机水平低，放松可能会变成焦虑或担忧——即在赛前就意识到神经系统提供不了足够的精力而难以表现好。

在体育赛事中比拼时，运动员想要达成什么结果呢？在为比赛做准备的阶段，运动员会在头脑中形成一个他想要实现的目标。这些成就目标通常分为两类：任务目标或结果目标。设定了任务目标的运动员想要改善自身运动表现的特定方面，并且不会担心自己与其他选手的成就相比如何。任务导向的运动员享受比赛和挑战个人极限的过程。

另一方面，一个设定了结果目标（也称为自尊目标）的运动员，针对与其他竞争者的比较定下标准，并且专注于在相同的能力上自己比其他人强多少。最终结果对于自尊导向的运动员来说非常重要，成功的定义是胜过其他竞争者。

为了更好的说明二者，让我们来看个例子。一名跑步选手在参加一个似乎已成定局的赛段排位赛时，根据她在上次相同距离的比赛中所用的时间设定了一个整体时间目标。这些是任务目标，因为它们与个体先前的水准有关，并且锚定在个人水平的提升上。另一方面，这名选手也可以设定一个结果目标，比如跑进前五名。当然，她还可以同时设定时间和名次，将任务目标和结果目标结合起来。对于实现流畅状态来说，运动员在比赛过程中所专注的事情才是关键。一个任务

目标能使跑步选手专注于自己的表现，而不必一直将自己和其他选手作比较。说的更深一些，任务导向的目标是运动员可以掌控的。这名跑步选手可以根据自己近期的表现和当前的状况来设定时间目标，由此将挑战安排在一个合适的水平上，促使她找到自己的 CS 平衡。而那个达到一定名次的目标，则相对不受个人的掌控，因为它取决于每一位选手在这一比赛情境中的表现。这样的挑战根据比赛的局势而难以确定，容易改变。

比赛是在与其他人的对抗中检验自身技能的机会，因此显然会涉及与其他人的表现做比较。结果目标对于运动员来说并不一定是不好的，许多有竞争力的运动员会同时设定任务目标和结果目标。当运动员坚定地相信自己的能力时，结果目标可以富有激励性和挑战性。

如果任务目标高于运动员当前的技能水平，那么不管它具体是什么样的水平，都能提供挑战的机会。当目标锚定在稳定提升个人表现时，挑战就会一直存在。赢得奥林匹克金牌和世界冠军奖杯的运动员，总是以不断到达越来越高的水平为目标来激励自己，为了把自己的表现提高一点点或者是在自己的运动中创造新的纪录而拼尽全力。因此，一个高度成功的运动员可能会转换赛事——甚至可能投身另一项运动。迈克尔·乔丹，他在篮球运动中拥有非凡成就，在得到 3 枚 NBA（美国职业篮球联赛）总冠军戒指后决定寻找另一项新的运动。尝试过棒球运动之后，他决定重返篮球场，并为自己设置新的挑战。这一切使他得以保持活跃的动机，进阶的技能，并继续收获成功。

设定清晰而具体的目标

在缺乏动力的时候，为比赛所做的准备也常常会不够充分。参与一场缺少动力或没有任何目标的赛事很少能出现流畅状态。在你看不到任何挑战时，或者相反，当挑战看起来过高时，都会出现这类情形。不论是哪种情况，就动机和目标设定而言都不是好事。如果运动员觉得比赛不重要，不值得投入心理或身体的努力，或是其觉知到的挑战不易克服，那么他们的努力都会受到抑制。一位花样滑冰选手这样描述动机问题对流畅状态的影响："真的很难进入那个状态。尽管你可以尝试说服自己，但只要不是 100% 的确信、想通、需要和渴望它，你就没法得到它。"

即便是最热情的运动参与者有时也会经历动机失效，不过，具备必要的动机对于全心投入的运动员来说通常不是问题。目标是动机的基础，学会设立正确的目标能够极大地帮助你把意向保持在恰当的水平上。

从表面上来看，设定目标是一个相当简单的任务。但是，设定对你来说有效的目标却需要一定技巧。拙劣的目标设定可能和没有目标一样差——甚至更糟。例如，一位游泳运动员的目标是在 2 分钟内完成 200 米自由泳，但是这个目标明显超出了他当前的技能水平。在比赛中，这位选手发现自己大幅落后，与自己的目标相差甚远。比起不带任何目标的跳入泳池放手去做，这一局面导致的负面心理状态只会使他更加偏离流畅体验。

不切实际的目标会令动机消退，因为失败会带走热情与自信。设定难度水平恰当的目标既是一门艺术，也是一门科学。但它有一个基本的原则：将目标设置的比当前的表现水平高一点。这样的目标能够提供一个诱因，激励运动员比上一次的表现前进一小步，同时也不会由于目标设定得太高而打击自信。

类似于"发挥你的最佳水平"这样的目标通常也是没什么效用的，因为它们不能将个体注意力引导至需要专注的表现方面上。我们总能听到许多宽泛的目标，"拼尽全力""我会尽我所能""100% 的努力"，等等。此类口号和建议或许能加强动机，但它们并不能成为目标。为了有效的指引行动，目标一定要具体。然而这些例子中的话语并没有说明需要做哪些具体行动。学会设定对自己有效且不会产生反作用的目标需要花些时间，并且需要正确的指导。这是一门值得好好投资的功课，毕竟，正确的目标是流畅状态的关键之一。

具体并且着眼于任务的目标可以为行动提供方向。注意焦点、技术和策略计划都可以轻易地转化为具体的目标，并为表现提供指导。用具体的行为来描述你想要做的事情，就能把泛泛的想法转化为目标。针对运动表现中的主要部分来具体化目标，可以为整个比赛中的行动提供一份路线图。将目标写下来有助于运动员将它们进一步清晰化和具体化，并能用据此设定的标准检验表现，从而提供反馈和评估。提前想象出比赛全程的画面，专注在表现的关键元素上，就好像在看视频一样。这样能帮助许多运动员实现他们的目标，并节省他们在表现时要花费的努力。

你的具体目标是什么？目前你针对自己的运动表现有什么目标？想一想，你在运动中面对着哪些挑战，你想达到什么水平？把这些写在表 5.1 的第一列中，并在第二列中写下你应对这些挑战需要采取的具体行动，然后在第三列中把它们转化为目标。表中已提供了一个简单的样例。

表 5.1　你的具体目标

当前的挑战	具体行动	目标
通过排位赛	加强速度训练 为比赛做好心理计划	每周两次速度训练 制订并演练心理计划

让目标变得自动化

制订具体的目标并对它们进行充分的预演，将使个体能够按照这些目标自动化地做出反应。编排一套熟练的体操动作，其初衷就在于当比赛临近时能调动起运动员最强的专注力和最优的唤醒水平。一整套关于注意力与激活的预定目标，为流畅体验搭好了舞台。表现的路线图最初只是一份草稿，在修改阶段需要持续关注它的细节。一旦路线图清晰地呈现出来，下一步就是让运动员将这份指导内化。

内化路线图的指导，就像是驾车前往一个新的目的地：首先，你需要一份清晰而详尽的地图。在第一次旅程中，你可能需要查看地图许多次，确保自己找到正确的目的地。而当你走过几次这条路并找到方向确认点之后，你就不必再查看地图了。同样的，在从事体育运动或是参与特定赛事的早期，运动员需要严谨地遵照“路线图”前进，并根据其中提供的指引来监控自己的运动表现。一旦你领会了，头脑中形成了有关需要做的事情的视觉意象，你就可以自由自在地沉浸到自动化的运动表现中了。

让个体的运动表现自动化，并不意味着运动员变成了一个执行预编程序的机器人。比赛开始后，很多没有预见的情况都可能出现，之前准备好的预案需要改变。例如，一名体操运动员可能发现自己某个部位的肌肉有点僵硬，意味着需要对准备好的套路做出微调；一名跑步运动员可能发现原本计划中要跟随其节奏的竞争者跑的太慢，因此得另选一个目标对手。只有将全部注意力专一地放在表现上，运动员才能选择最好的行动方案，有时这意味着临场发挥制订一个新的目标。想要在完美实施自动化表现的同时保持对各种选项的开放以备不时之需，这并不容易，但只有这样的组合才能通往毫不费力的流畅状态。

加强你的动机

制订目标对动机有积极作用，反之，当运动员对实现目标有高动机时，目标的力量也会得到加强。为赛事赋予重要性有助于产生并集中注意力，就像一位曲棍球选手说的：“我越是认为它重要，压力就越大，我表现得就越好，状态也越流畅——我变得特别一心一意。”

当你清楚地知道自己想要什么，并且下定决心要得到它的时候，你就把挑战和技能都提升到了流畅的水平。目标会驾驭心理能量并将其引向你渴望的结果；高水平的动机会转化为实现目标的决心。这种专注不仅能提升体验的质量，也常常导致意想不到的成就达成。许多杰出的表现都源于运动员的决心将其带到了一

个之前无法企及的高度。4 分钟内跑完 1 英里（速度约合 6.71 米 / 秒），就是由一批原本不被看好的中长跑运动员突破的，这群人将非凡的运动才能与实现既定目标的坚定意志成功组合在了一起。

> 罗杰·班尼斯特（Roger Bannister），世界上第一个把 1 英里（约合 1.6 千米）跑进 4 分钟的人，曾这样讲述决心的力量："人类的精神是不屈不挠的。无人能够断言你绝不会跑得比这个速度更快，或绝不会跳得比那个高度更高。人类精神无时无刻不在尝试刷新世界纪录。人类有能力在 3 分半内完成 1 英里。"

享受最优的就绪状态

良好的体形赋予心理和身体一定的表现优势。知道自己付出了艰辛的努力并受到了良好的训练，能提高身体表现出最佳水平的概率。这样同时还会滋养信心，而信心是另一个重要的流畅状态促进剂。一名赛艇选手讲述了良好的训练如何促进就绪状态：

如果训练很顺利，你就能从中获得信心并且胸有成竹地进入比赛——你感到所有事情之前都已经做过，因而你现在同样有能力完成它。

实现最优的身体就绪状态需要完成训练、保持良好体形、保持水分充足、遵从恰当的饮食规定、充分休息以及为竞赛表现减少或增加训练量。一名三项全能运动员提到，他必须感到出色的表现是自己应得的，才能体验到流畅状态：

为了顺利进行，你必须知道好成绩是你应得的。你必须知道你已经把这场比赛当作自己的目标。你必须知道你已经为其受过合适的训练，你值得拥有一场圆满的比赛。然后，如果一开头就顺利的话，你的体验会自发地呈螺旋式上升；当你进入流畅状态中，你会知道那是你应得的状态。

尽管本书着眼于流畅状态中的心理因素，但运动本质上是身体的活动，因此我们关注最优就绪状态中的身体因素也非常重要。不同运动项目对身体的要求各不相同，当然，根据运动需求的不同，最优就绪状态中重要的因素也不尽相同。摄入水分这一因素可能对于所有运动来说都很重要，甚至对于特定项目来说，运动员在开始之前是否摄入充足液体堪称生死攸关。一名赛艇选手这样讲述了水分充足的影响：

你喝了多少水……就好比你的神经系统有没有活力，当你的神经系统敏锐和开放时，你能感觉到：你的外部接收器运转良好。当你摄入的水分不足时，接收器的工作就不正常；你不能顺利排汗，你的动机也很难保持，人会无精打采。

请注意身体和心理的就绪状态之间具有内在关联。上述赛艇选手提到了体内水分高低对神经信号传递和警觉性的影响，将摄入充足水分和表现时的动机水平直接联系起来。并非所有的运动员都会在水分摄入这项上体验到如此剧烈的影响，不过对任何运动员来说，身体和心理因素都会相互影响。

比起认清最优的身体就绪状态，理解最优的心理就绪状态对于一个运动员来说可能要难得多，因为心理因素难以观察和客观地测量。我们怎么才能知道自己的动机和专注力是否处在恰当的水平上？最优的就绪状态属于个人问题，即每个人所需要的因素组合都会存在些许不同。例如，个体之间在运动表现时通常会感受到的唤醒和放松程度各不相同。即便在身体方面，运动员们减量训练、热身和赛前摄入食物和水分的时间表也很不一样，至于心理因素，则更是因人而异了。

对于任何一个特定个体来说，达到最优的心理就绪状态需要两个主要步骤。第一步，密切留意表现前和表现期间发生了什么。如有必要，可以记笔记、做个人记录、与教练或队友反复探讨。第二步，将表现时出现的，帮助你成功进入流畅状态的那些条件应用到未来的表现中。这可能需要试错、调整，从而逐渐明确目标状态及其要素与进程。例如，有的运动员可能会感到，穿着特定的运动服，或者沿特定的路线前往体育场能提升他们的专注力。尽管这些行为有时可能被误认为是迷信而遭到鄙夷，但是熟悉的刺激确实常常有助于个体沉浸到活动当中，从而带来流畅状态。

为比赛做准备

最优准备中有一部分是赛前思想和行动上的准备。可以用来做准备的时间范围极其宽泛。比如，一名体操选手可以提前四年就将进入奥林匹克代表队作为自己的目标，同时，她也可以为接下来一到两年内的区域和国家选拔赛制订相应目标，当然也可以以周、天，甚至小时为基准来设置短期目标。

赛前的计划和准备都是流畅体验的重要促进剂。设立一套日常惯例，并且在比赛当天也继续保持，是一个在表现开始时保证心理和身体处于就绪状态的好方法。每个运动员让自己为比赛做好准备的方式都不太一样。比如，有些人在赛前待在人群中会感觉放松，另一些人则倾向于在赛前独处以理清思路。尽管一个人有时无法在体育场里找到适合独处的地方，但在赛事举办期间专注于内心还是可能的。正如西蒙所说：

> 即使我没法一个人独自待在屋子里，我还是会理清思路。可能我正站在人群中间等待发令枪响，但是我必然会专注于我的内心。

遵循特定的日常流程，包括心理准备，使你能够感觉到一切已经就绪，并清楚地知道自己即将在比赛中做些什么。有些运动员非常重视制订具体的比赛计划，它能够将运动员从对竞争对手的担忧中解放出来：

> 根据我现在的比赛计划，我想过了所有可能发生的事情……所以比赛中不会出现“如果”、“但是”或“万一”。如果你没有一份比赛计划，你就多多少少还是会担心其他人在做什么。

关于比赛的心理计划，我们会在第 7 章中详细探讨。在身体和心理上为竞赛表现做好充分准备，两方面都完全就绪，将带来优势和自信的感觉。你会忘记平时的担忧，并完全投入到比赛过程当中。提前设定好目标能够为准备工作提供指引，并帮助你确保一切就绪。为临赛时和比赛中设定的目标能引导你的注意力，并保证清晰的目标始终伴随着你的行动。不论是长期目标还是短期目标，对于进入流畅状态来说都必不可少。

第6章

善用反馈

当你知道自己做的怎么样的时候，当反馈清晰而及时的时候，你会感觉更有活力，你的心境也会更加振奋。清晰的目标有助于改善体验，但是只有目标还不够。体验的另一个重要成分就是感受，每时每刻的，你在朝着相应目标前进的感受。研究幸福感的心理学家发现，总体上，那些只设定长期目标（比如20年后赚够100万美元或65岁时退休并移居美丽海滨）的人不如那些为明年、下个月甚至几天后设定了可行目标的人幸福。

把走完漫漫长路定为目标不如设置短期目标令人满意的原因在于，你难以判断自己的进展如何。准确地说，你将很容易在过程中气馁或分心。反之，如果你将旅程分解为多个阶段，目标只是到达下一个阶段，如此一来，每一步都会很明显地让你距离想去的地方近一点。这能让你一直保持心无旁骛，完全投入到任务中。

过滤反馈

为了进入流畅状态，你收到的反馈并不一定全都是积极的不可。如果你在林中徒步时迷了路，你就没法继续接近你的目的地；但是，拥有目的地让你知道自己必须要回到原来的路线上，这一认识能够使你时刻保持警惕，继续搜寻。比起安全但漫无目的的游荡，即便在一段目标明确的旅行中迷了路，也更有可能产生流畅体验。

运动中可能包含许多种反馈。因为运动中有清晰的挑战，运动员只要比较任务需求与自己的表现，以此去评估，就能够知道自己做的究竟是好是坏。任务需求是运动项目中用来描述成功结果的那些内在特征。例如，许多运动项目都具备某些必须要实现的目标：在篮球中是投篮得分，在射箭中是命中标靶，在足球中是踢球破门。实现运动项目的内在目标会带来对运动表现的积极反馈。

运动员自己的目标也提供了追踪进展的机会。这些目标的范围很广，可能是突破个人纪录，也可能是简单地完成比赛，可能是以比较不费力且更加优雅的方式完成相同目标，也可能是将复杂运动表现中的某一元素做到完美。目标越是多样化，你就有越多机会能够沉浸到比赛当中——并且更好地享受它。其他的事情也是这样，一个人从运动中获得的流畅状态越多，那么表现所耗费的努力就越少，也越容易成功。

> 如果你为自己设定了一个目标并且能够实现的话，你就赢得了你的比赛。你的目标可以是获得第一名、改善自己的表现，或仅仅是完成比赛——由你来决定。
>
> ——戴夫·斯科特（Dave Scott），5 届夏威夷铁人比赛冠军

动觉觉察

你并非在得了一分或是赢得比赛后才能知道自己的表现如何，来自于身体动作的反馈可以使你持续地做出调整来保持或回到正轨上。这被称作动觉觉察（Kinesthetic awareness），这种个体表现的感觉是运动反馈系统中关键的一部

分。动觉觉察使体操运动员在做空中动作时能够知道自己在空间中的位置，使高尔夫球选手能够在挥杆的不同阶段中感知到杆头是否处于正确的方向，使篮球场上抢篮板的运动员确切地知道应该何时起跳去抢球，种种例子不胜枚举。动觉觉察能在运动员需要完善自己的动作时提供内部信息。在教练的指导下，运动员需要学会运用尽可能多的相关感觉，但是就动作的准确性而言，没有什么比这种感觉更重要了。

结果信息

除了来源于内部的反馈，运动员还会获得许多其他形式的有关自身表现的信息。比方说，动作的结果就为动作成功与否提供了直接的反馈，使个体明白自己的动作是正确的，还是需要调整的。结果可能很明确，比如得分或是犯规；也有可能很微妙，比如时机不恰当的挥杆，或是呼吸节奏的改变。

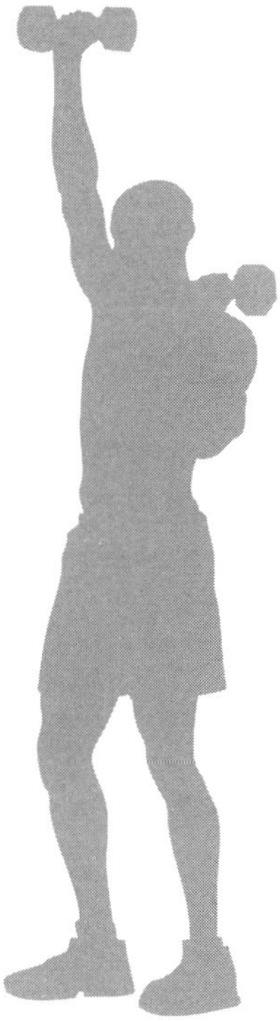

当然，在大多数体育活动中，并不是只有运动员注意到了行动的成功或失败。关注运动的一部分乐趣来自于对场上可能发生的事情进行预测，然后看看事情走向是否与预期相同。能够欣赏比赛细节的观众，几乎能够和参与比赛的运动员一样沉浸在运动中。运动是公共活动，而运动员的表现也被观众以公共的方式评价着。

队友、对手、教练和观众都能提供反馈，使运动员知道自己是否在正确的方向上前进。有时这些反馈不是我们想要的，因此可能会被忽视，但当反馈有助于我们的时候，运动员就能够从其他参与者提供的这些信息中获利。

我们已经讨论了运动提供给表现者的一些反馈

来源。表 6.1 的第一列中列出了这些来源，你可以把自己运动中的例子填到第二列的空白中。你还可以在表格底部增加其他的来源。

表 6.1 运动员反馈的来源

反馈的来源	来自你的运动中的例子
动觉觉察	
教练的信息	
队友的信息	
对手的信息	
观众的信息	
结果信息	
正确执行技能的感觉	
势头的改变	
其他来源	

有效利用反馈的关键

理论上，运动员可能被许许多多反馈包围。有时他们在表现时变得焦虑，因数量陡增的反馈而心力交瘁。他们无法确定自己究竟是做的刚刚好，还是太过头。

如果你发现自己处在这种不确定的状态中，你可以通过分析自己使用反馈的惯有方式，来挖掘驾驭相关信息的潜力。

避免分心

由于运动中包含了如此多的感官刺激，被没有帮助或毫不相关的信息分散注意力的可能性很高。对手当然会尽他们所能使你灰心。天气情况也可能导致专注变得更难。有时，观众的存在和反应，也会使你更多地注意到自己的失误和短板。例如，主场球迷往往会竭尽全力扰乱客场球队的注意力。因此，在运动表现期间避免被不想要的或负面的信息分心，需要对注意力进行训练。

有时会出现一些不可控的事件，比如在自行车比赛中爆胎，或者在跑步时摔进某个坑里，这些都可能在心理上把一个人绊倒。通常都是运动员自己的自我意识在制造扰动。把压力带进比赛，或者在比赛期间出现情绪失落，都可能会扭曲认知和觉察，使流畅状态变得更加难以达到。一名运动员提到，她的负面情绪影响了她的表现：

> 情绪会产生干扰，干扰你对人物和地点的感觉……一旦你去想比赛结束后你会有什么感受，那你就完了……情绪非常强大，它们可以塞满你的身体，把你逼出那个状态。

这名运动员发现自己被关于其他人和比赛结果，以及这些东西会让自己有何感受的想法干扰了。这些信息也属于一种反馈，但是它们与当前任务不相干，因此只会破坏流畅状态并令运动员从表现上分心。

当很多刺激都需要分配注意力时，运动员就容易分心。当信息中饱含情绪时，更加容易使人忘记自己当前的目标，不再专注于此时此刻的比赛，而开始担心教练和队友可能会在更衣室里说什么。正如运动员训练自己一样，教练也应该训练自己，在队伍表现不好时，在裁判对己方运动员的判罚疑似不公平时，或者在比赛中诸多不可预期或不确定要素发生时，都不要分心。

不被负面反馈影响

人们在批评或负面反馈的面前通常很难保持一个积极的心态。有时这些负面反馈看起来比积极反馈更有力量，只要有一条“你做的不好”的信息就足以抹杀已经取得的成绩。如果你的注意力侧重于失误并感到自己即将失败，的确很容易失去信心。

当事情看上去进展不顺时你应该做些什么呢？你我都想要避免在运动——以及其他任何事情——当中经历一次又一次失败，但那是不可能。正如伟大的篮球运动员迈克尔·乔丹在一则宣传中所说的：“我在人生中一次又一次的失败过，这就是我成功的原因。”考虑到乔丹获得的非凡成就，这句话可能乍看上去并不可信。但是在任何一个领域获得成功都需要承担风险，从已知跨越到未知，而且还要多次面对挫败。即使是乔丹，也无法不克服任何挫败、沮丧和失利就凭空获得这么大的成功。乔丹的这句话也警醒我们，挑战是成功的关键，失败则是迈向成功的巨大激励因素。

从长远的角度来看，根据你如何理解负面反馈，这些信息既可能是令人痛苦的，也可能是大有助益的。一次糟糕的起跑或比赛开局可能预示了整个比赛的结果。正如一位英式橄榄球员所说：“我从没在我们出师不利的前提下体验到流畅状态。如果开头就不对，那你只会走下坡路。”而在一场 80 分钟长的英式橄榄比赛中，这样的反应意味着：开场不佳可能导致一场漫长的折磨。

是不是坏的开始一定会冲刷掉余下的比赛？比赛中的小失误是否意味着运动员的整场表现都会遭殃？体育运动对精确性和时机有很高的要求，有时这导致哪怕最小的失误也会产生连锁反应，但是运动员的心理如何反应至少和实际的失误本身一样重要。在场地赛中，西蒙提到，最小的错误动作也会影响他的表现，但是他也发现，他的心理在最终发生的事情中扮演了重要的角色：

> 我是说真的很小的事情——比方你可能看向了场地上的不同地方，或者你可能就把车把这样动了一下，这样就能把你放倒。真的，真是很小的事情。多希望我的思维不要那么快。我想，这种情况就是大脑太想做好了，所以它过度补偿了一路上发生的所有事情。

如果想要做好在运动员的头脑中变成一个过于强大的目标，它可能会扰乱动作的节奏和时机，而不是作为目标促进流畅状态。在精确的动作和时机扮演了关键角色的运动项目中，个体在想要做好的强烈渴望和做出精准且自动化的反应之间找到平衡点，这是一个挑战。

在负面反馈面前仍然保持专注十分不易。当你看到对手领先自己，或者当自己出现失误时，总是难以保持积极的状态。有时负面的反馈也可能来自于队友，以及团队成员之间的互动。

与队友的互动

许多运动员提到，队伍中缺乏协同合作也是妨碍他们获得流畅体验的因素之一。一位职业自行车运动员认为，队伍节奏的不协调是他遇到的一项主要障碍：

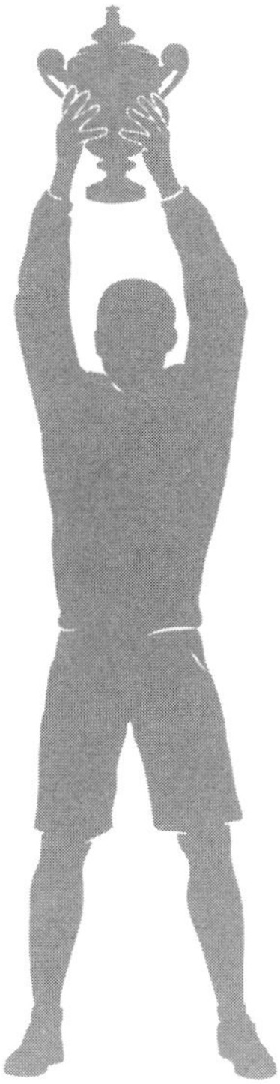

如果事情进行得不顺利，就会阻碍它（流畅状态），因为我认为事情应当要顺利。节奏——如果有人干扰了它带来的和谐，它也会干扰你的动作韵律，干扰你的注意力。

有些运动项目的最佳体验有赖于队友之间成功的互动。如果一名骑手乱了节奏或者跟不上速度，整个自行车队当然都会受影响。双人花样滑冰是否成功，也需要看两个人作为一个整体的表现如何。一对搭档可能在这一刻进入了流畅状态，另一对搭档却可能由于其中一人出错而在冰面上表现平平。有一对花样滑冰选手这样讲述了失误的影响：

如果错过一次拉手，或者对方意外绊倒，那你也会摔倒并向前溜出去，这一点毫无疑问。在场上发生这样的事情，简直就像是炸弹爆炸了。

显然，把自己的表现和别人的表现联系在一起，导致团队运动员面临一个新的挑战。为了进入流畅状态而需要实现的 CS 平衡，在某种程度上取决于团队内部关于运动表现与情绪联系的交流有多顺畅。团队运动员普遍认为，这两点因素都对流畅状态有影响。因此，除去表现本身反映出的问题，负面的团队对话和队员之间的负面感受会将注意力从目标上拖走，并破坏体验。

当表现需要两位或更多运动员一起完成时，所有队员目标的一致程度会影响反馈的质量，并进一步影响比赛中体验的质量。比方说，在花样滑冰中，两位搭档向相同的目标同步努力很关键。一位双人滑选手讲述了搭档之间的团结对自己实现流畅体验的重要性：

团结一体至关重要。因为没有它的话，我就不会在意我的感觉有多么美妙了。如果我的搭档在冰上跌跌撞撞，那么我也会一直出错，除非我能不担心对方……从另一方面来说，和搭档合作良好的话，真的、真的、真的会有一种放松自在的融为一体的感觉，就好像我与搭档、与冰面以及观众和周围环境都是完全协调一致的。

团结一体给这对滑冰选手带来的不同，表明了团队协作对流畅体验的重要性。在团队情境中，队员之间的整体感能够提供有助于改善表现的反馈并促进流畅体验的出现。

开放的交流

队友之间的交流能够提供有关表现和关系的信息，而这两者都是反馈系统中的重要部分。当运动表现有赖于与队友的互动时，交流上的障碍会严重影响结果。

任务取向的反馈和积极的评论都能够帮助整个团队。相反，结果取向的反馈或贬损的话语对团队的表现和实现流畅状态的能力是有害的。因此，团队成员和教练中场休息时在更衣室里说的话，既可能翻转上半场的糟糕表现，也可能使队伍的成绩在下半场继续下滑。

教练对于运动员来说是具有权威的交流对象；教练沟通的内容和方式能够影响运动员的注意力和信心。在出色的教练工作中，有一部分就是能够提供帮助运动员保持在流畅状态中的信息。传达信息涉及很多不同的教练风格和方法。当教练的交流方式和运动员的需求不匹配时，就会出现互动的中断——这通常是因为目标和期待不一致。如果教练在场上给出了太多信息，超出运动员能够吸收的程度时，超出的部分内容就会被屏蔽在外，运动员因而也不能够获得本应从教练那里收取的有效信息。当然，如果教练总是板着脸并且很少说话，那么他们也给不出对运动员改善表现有帮助的关键信息。

身体在表现时反馈的信号是交流中的一条线。交流的另一条线是队友之间发生的事情以及运动员和教练之间发生的事情。如果个体从这些来源得到的反馈是有助于进入流畅状态的，那么运动员应当尽可能做到开放接纳。但是如果从这些来源得到的信息妨碍自己对任务的专注，运动员就应该学会忽略或过滤掉这些信息。

打开教练和运动员之间以及队友之间交流的渠道，是成功表现的重要元素之一。它们也是找到流畅状态的关键，特别是当个体的表现取决于这些互动时。队友之间的信任、积极的团队氛围、协调一致的动作以及对队友之间互动的专注，都会影响到个体或整个队伍是否能在运动表现期间进入流畅状态。

在比赛开始前，队内交流的影响力就已经显现出来了。在热身或是赛前会议中已经言明或未能言明的信息都会影响运动员的比赛全程。内容、意图以及信息被如何解读，共同决定了交流的影响是积极的还是消极的。一旦比赛开始，教练给出的信息和队友之间的反馈，都能影响个体和团队的心理状态。一名赛艇选手这样讲述了当自己在水上时和教练的交流方式：

> 我看向我的教练并点了点头，他立刻就明白了。我的艇发出了嗡嗡声，而他能从外部观察到很细微的船速变化。简直令人难以置信，他能察觉到那么细微的变化。而我感到一切顺利时会点头，这样就强化了他反馈的能力。渐渐的，在一段时间里，他看到我点了许多次头，由此他明白了这代表我进行得很顺利。如果不顺利，我们可以立即恢复专注或是停下来、休息并重新开始。

怎样做对团队整体和每个个体都有利呢？团队可以据此建立比赛期间交流方式和内容的规则，这样有助于确保反馈带来积极效果。然而，在最终分析时，个体决定如何使用收到的信息，才对其心理状态有最大的影响。

这就是为什么根据信息对表现是否有利来过滤反馈，是一个需要掌握的重点技能。重要反馈能够提示你朝向目标前进的进度，你需要听取这样的反馈。表 6.2 可以用来帮助你练习如何将反馈的来源和促生流畅状态的目标联系起来。针对每一条，在第一列中写下你目前正在努力的短期目标。在第二列中，写下你可以用于评估这些目标进展的反馈来源。学会过滤反馈，并以平稳而不带评判的方式做出调整，对于想要体验流畅状态的运动员和教练来说都是一个非常重要的技能。

表 6.2　与目标关联的反馈

目标	反馈
通过预选赛。 • 速度训练（每周两次） • 练习为比赛制订心理计划	• 冲刺时感受速度和节奏 • 在训练中实施心理计划时，根据计划中的步骤监控进展。

专注于你自己的表现

反馈本身并没有好坏之分，它们只是用于监控表现并根据需要借此进行调整的信息。在运动参与者中存在一种倾向，就是只关注那些告诉我们离胜利有多近的标志——比如，眼睛死盯着得分板。这类信息确实是有用的，因为它能让你知道自己的技能水平和情境需求的匹配度如何。当你在比赛中发现提升自己的机会时，如果发觉自己要输，就会更加努力，从而使表现变得精彩。

专业竞赛中会出现这样的情景，受过训练而且技能娴熟的运动员利用针对欠佳表现的反馈，扭转了比赛。例如，在 1996 年美国篮球大赛的决赛中，迈克尔·乔丹在前三节中 21 投仅仅 2 中，但他在第四节中独夺 20 分。乔丹不需要看数据分析就能知道这场比赛自己状态如何。篮球的飞行轨迹、错过的时机和其他能够直接观察和感受到的场内线索都告诉他，他需要积极做出改变。迈克尔·乔丹展现出了解读比赛，接收关于自身表现的有效信息，并在许多场合中扭转局面的超常能力。

有时，借助比赛提升技能水平很困难，特别是当你觉知到自身技能已经被拓展到极限的时候。在这种情况下，我们可以尝试重新定义挑战，来帮助自己找回 CS 平衡并回到流畅状态中。比起专注在技能弱项上并失去信心，还是转向相对简单但更富操作性的目标实际一些。这些目标也许包括控制损失、坚持活跃到终局，甚或仅仅是为下一场比赛保存体力。能发现多项挑战，或设定的目标不只是结果目标的运动者体验到流畅状态的概率会大得多。

借助你技能使用情况的反馈，依据你自己的潜力重新定义挑战，然后在比赛过程中监控表现，这些措施通常能让你重新找到流畅体验。比起把注意力固着在输赢上，着重发展自己的潜能反而是更富于建设性的做法。

做到自我觉察

想要打开通向流畅状态的大门，往往需要在特定情境中提高技能水平，或者降低挑战难度。但是除非你做到自我觉察，能够迅速意识到挑战与技能之间存在不平衡，进而根据情境中的实际情况利用反馈来调整自己的技能或者是目标，不然两者都难以发生。

听到你可以进行自我觉察时，你可能会有些惊讶。也许你会猜测自我觉察不利于流畅体验——也不会是什么讨人喜爱的人格特质。或许这看起来有些矛盾，但意识与行动融合之后还给自我觉察留有空间。这里的自我觉察只是意味着关注自己做出的动作和反应呈现出来的线索，并在某些事情出错时进行调整。没有自我觉察，运动员就会错过可以引发积极改变的线索。

将自我觉察（self-awareness）和我们之前提到过的自我意识（self-consciousness）区分开，这一点非常重要。尽管描述的是两种不同的心理状态，但是这两个术语很容易弄混。自我意识代表着我们以外部视角审查自己，担心自己做的怎么样，担心我们在别人眼里看起来如何。自我意识会干扰流畅状态并破坏表现，因为我们的注意力分散给了两方面：做和看着自己做。

但是，在自我觉察当中，我们根本就不会想到自我；我们只是在处理自己投入活动时所产生的诸多微妙的信息。运动员常常比非运动员拥有更好的自我觉察，因为他们在运动中需要持续监控自己的身体。一名花样滑冰选手这样描述了当表现顺利进行时的感受：

> 状态对的时候，我能感知到每一刻；事实上，我甚至记得下蹲起跳的瞬间，那感觉真不好，但是，想想吧“天呐！这一切太真实了！我的思维是如此清晰……”我感觉我控制着每一件事情和每一个微小的瞬间。我非常清楚，你知道，就比如我手上有什么，我能感觉到我的戒指，我能感觉到所有事物，并且我感觉我能掌控任何事物。

自我觉察的运动员学会了倾听自己的身体，并知道做出优秀的表现时会有什么样的感觉。对动作有敏锐的感知意味着运动员可以很好地利用视觉想象或心理练习。想象是一项重要的心理技能，用于练习分解动作，并将渴望的结果视觉化，在脑海中显示出清晰逼真的画面。但是，为了成功将动作视觉化，运动员必须先知道在真实世界中做出动作是什么感觉，而为了实现这一点，他们必须把注意力放在自己的表现上。只有这样，运动员才能像真实训练一样在心里进行训练。

自我觉察甚至能够将运动员从即将发生的危险中解救出来。徒手攀岩运动员彼得·克罗夫特，因愿意承受大多数攀岩者都望而却步的风险而闻名。他把恐惧看作需要暂停的警示牌："恐惧让你变得过分僵硬。如果我开始感觉不对劲，我会从那条路线上退下来。"在徒手攀岩这种运动中，是否听从身体的提示可能意味着生和死的差别。当风险不是太高时，自我觉察——以及基于自我觉察的行动——能够防止受伤。许多运动员在他们的身体嘶吼着让他们停下或慢下来的时候，常常选择忍受疼痛继续前进。为了实现最大的潜能，运动员确实需要超越自己的舒适区。但是，有时身体给出的信号在警示着受伤的可能性，明智的运动员会听从自己的身体并做出适当的反应。

流畅状态中的反馈

当运动员处在流畅状态中的时候，反馈的出现变得清晰而又精准，并且对保持专注有辅助作用，运动员无需特地停下来反思各方面进展如何。在这个时候，运动者会有一种确定感，感到所有事情都有条不紊。反馈使运动员知道自己正在朝目标前进。许多运动员在描述这种感觉时，常用到所有事情都像时钟一样精确、很和谐、感觉正合适等说法。这是一名花样滑冰运动员在流畅状态中收到的

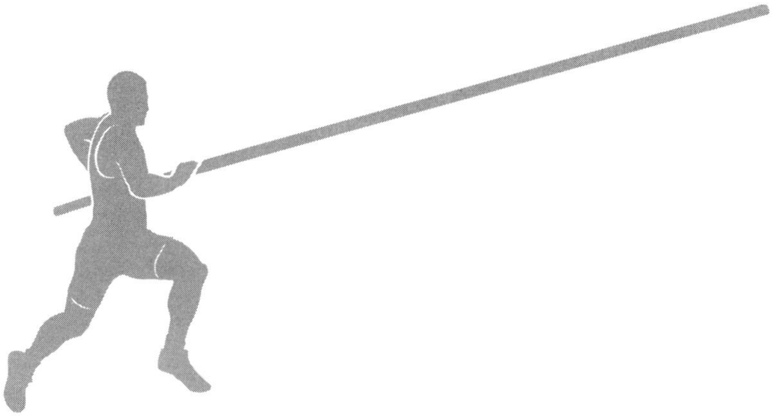

关于自身表现的反馈：

> 你可以真切地感觉到正在发生的事情……其中一件就是你在流畅状态中完完全全觉察到了自己的身体。呃，你好像无所不知，你能感觉到每一根手指、脚趾以及所有的事物，你确切地知道你的身体正在做什么——那正是为什么一切都很顺利的原因。

学会使用反馈来进一步发展个体的技能，并加速朝向目标的进展过程，要比技能发展更重要。前者意味着，当表现中的一切都很顺利的时候，运动者可以通过有技巧地运用反馈来保持流畅状态。个体所做的事情本身就具有价值，输赢并不是意义所在。

当然，赢得某场比赛和奖牌并登上报纸头条，能够带来一种美好的感觉并提升士气。但是，一味寻求外界的认可只能将自己抛给无常的命运——有太多能决定结果的因素是你没法控制的。一位强大的对手，或者是比赛条件上的些微不同都有可能使你和奖杯失之交臂，令你万分失望。可是，只要你能够享受表现本身，体验每时每刻的参与，那么运动就值得你所付出的能量，不论最后的结果如何。

第 7 章

专注当下

想要在运动中做出上佳表现，不论是在初级或精英水平上，都需要 100% 专一的注意力。如果心不在焉，身心就会变得不再同步。到时不仅表现受挫，体验的质量也会下降——我们不可能享受我们注意不到的事物。心思飘忽游移的每一秒都被浪费了——我们没有体验到运动中的这个时刻，自然也无法尽情享受或重新回忆这个时刻。

毫不分心完全专一的注意是难以实现的。在日常生活中，我们通常会被外部事件或是思维反刍干扰。当我们有很多任务等待完成，或者当我们纠结于过去的错误时，总是很难集中精力。而运动的诸多好处之一，就是可以使我们忘记日常生活中的烦恼，只专注在可行的、令人兴奋的事情上。一名中学生提到了他刚刚开始打篮球时的感受：

有时在球场上，我会想起一些烦心事，比如和爸妈吵架。但我觉得那和打球比起来实在不算什么。你可以从早到晚去思考那些烦恼，可是一旦你上了场，就去他的吧！

然而，即使是在运动中，保持专注不让心思游移也并不容易。知道如何专注并能在整场比赛中保持精神集中，对于各个水平的运动员来说都是一项心理上的挑战。而且这不仅仅对于运动员是挑战，教练也同样面对这一挑战。教练需要在重要事项上保持专注，不被分心，以确保他的运动员能正确思考。如果观众想要充分体验到运动乐趣的话，也需要在比赛中保持专注。

当下：通往流畅状态的道路

那么正确的专注是怎样的呢？这取决于就具体情境而言最有效的是什么。其实专注的方式并没有对错之分。但是，有一个重要的原则：流畅状态的出现依赖于一种针对当下的专注，即个体的全部意识与正在进行的活动紧密相连。精神集中在当前任务上，这是个体身处流畅状态时最鲜明的特点。

不幸的是，“全神贯注”并不像表面上看起来的那么简单。我们大脑中的加工程序并不会让我们那么容易一直停留在当下。大脑接收大量信息的认知潜能使得人类将注意力在一段时间内固定在一件事上变得相当困难。当我们参与到某个活动中时，关于过去或将来的想法常常在脑海里吵闹着、呼喊着，分散我们的注意力。因此，学会留在当下，对于想要获得流畅体验的运动员和教练来说都是一项十分重要的技能。理解专注为何如此困难，是掌握自身思维过程的第一步。

过去：一条死胡同

运动员和教练常常会陷入两种“假设陷阱”：过去可能会发生什么，以及过去应该发生什么。“那球差一点就进了”“我当时那么打就好了”“去年这个时候如何如何”，诸如此类的想法对个体正在进行的运动表现没有任何帮助。但是，运动员在比赛变得艰难的时候，却常常会想到这类事情。

确实，个体从反馈中获益的方式，就是在它出现的时候当即对表现进行相应的纠正。这意味着运动员需要注意上一球为什么没有踢进，或者上一圈为什么跑

的太慢。战术上的调整需要注意到一个人过去行动的结果。但是为了有效进行，对于刚刚发生的事件的注意应当快速且客观。在理想情况下，个体对表现的监控应该变得自动化，无需刻意去想它。在巅峰状态期间，运动员对自身表现的留意、评价以及微调，都是无意识进行的。如果他们允许情绪干扰判断，那么失败就已经是比赛最好的结果了。专注于过去发生了什么、可能发生什么或者是应该发生什么，都没法改变既成事实，也对当下毫无帮助，就像是走进一条死胡同。过去无法重来，但是当下却可能因为试着重现过去而被拖累。

将来：一条尚未建成的道路

正如过去不应成为运动员思维停留的地方一样，未来也是如此。提前思虑会妨碍我们将注意力完全放在此时此地，并阻碍我们充分体验当下。未来不可控，但它是在我们专注于当下的时候逐渐形成并延伸的存在，是一条尚未建成的道路。它最终会成为我们想要走的那条路，但不是现在。

一位游泳选手在谈及一场比赛时说，她的思绪提前到达了终点并对她的表现产生了影响：

刚进入泳池的时候，我想到："没错，就是它了。"我一入水就感觉到，我的动作很流畅，我的状态非常好。刚刚游完头 50 米的时候——就在那一瞬间——我忽然想:“哦,天呐!我要赢了,我要赢了!”在我出现这个想法的同时,一切都崩塌了。我失去了流畅状态。

获胜是许多运动员的一项强烈动机,赢得胜利的愿望非常鼓舞人心,特别是当我们觉得那在我们能力范围之内的时候。但是,专注于我们预期的比赛结果会带来危险,正如上面这位游泳选手所说,我们反而可能极易失去我们为之奋斗的东西。让注意力从我们在做的事情上移开,必然会打破流畅状态。

回到正确的道路上

专注于当下,意味着将全部的注意力指向此时此刻正在发生的事情。也就是说,你的注意力要放在朝你飞来的球上,放在你正在挥舞的球棒上,放在你正在摆动的手臂上,放在你此时因运动表现产生的各种感觉上。这就是流畅状态出现的时刻——当下。当你需要专注在当下的时长超过你所习惯的专注时长,挑战就出现了。

不幸的是,多数运动员习惯的专注时长不够长。许多运动的比赛时长都比我们训练专注的时长要久。但是,当一位选手享受自己的运动体验时,在一段较长的时间内保持不间断的专注是可能的,正如这位橄榄球运动员所说:

关于那场比赛,我所记得的全部就是:在整个比赛的 80 分钟里,我没有分心留意过任何事情,因此我的专注在这场比赛中的任何时候都未曾间断。另外有件事,有时在比赛中你会犹豫并思考一会儿,但在那场比赛中,一切都仿佛是自然发生的,(我)没有对当时发生的事情特意进行任何思考。

持续对当下保持 100% 专注,可能会使人认为事情的发生毫不费力——就像发生在这位球员身上的一样。那是因为在我们表现时,计划和评估这些通常占据着我们头脑的东西往往失去了阵地，我们觉察的全部内容仅仅包括了当下这一时刻。

为了更好地了解你能够持续专注在当下多久，试试这个简单的冥想练习。

⏭ 冥想练习

请在一个你不会被打扰到的地方，以舒适的姿势坐下。记住你手表上的时间。闭上眼睛并专注在一件事上（比如，你的呼吸）。注意到你的一呼、一吸。在你能够保持专注的时候反复做这件事。当你的注意力发生转移的时候睁开眼睛，再看看你的手表。从开始到现在，你的冥想练习坚持了多长时间？1 分钟？20 秒？或许你能够专注于呼吸保持 5 分钟？

许多没有尝试过冥想或思维控制训练的人在做这个练习时发现，很难长久地保持专注在呼吸上。想法会自己跳进头脑中，一个从天而降的念头刚刚被清除掉，另一个想法又会进入觉察的范围，索取你的注意力。这种散乱的思绪就是修行的禅师们所说的“猴子意识”。即便你闭目静坐的时候没有干扰出现，那么当你在运动期间，所有环境的、社会的和身体的刺激都成为这项活动的一部分的时候，又会发生什么呢？最有可能出现的情形是，你的注意力被若干不同的因素抓住，却没有一个和当前任务直接相关。然而，只有当全部的心理能量都指向当前的任务，完全沉浸其中的流畅状态才会出现。当你发现无关想法出现并扰乱你的注意力时，你会做什么？重新专注的技能可以使一个人回到正确的道路上，这就是我们接下来要说的。

专注在当下的关键

只有经受过严格训练的运动员能在比赛持续的时间内保持专注于自身表现，

特别是在那些比赛时长超过百米冲刺的项目中。尽管目标是保持专注，注意力不间断不分散，但是大多数运动员都感到这个任务比较困难。

重新聚焦

重新聚焦是一个能使运动员再次获得丢失的专注力的技能。它就好比让个体在无关想法出现的时候，调回正确的心理频道。重新聚焦的第一步就是要觉察到注意力的偏移。觉察到的越早，表现受到的干扰就越少。一旦发觉了不恰当的注意焦点，你就得甩掉它。

为了迅速做到这一点，重新聚焦第二步就是选择其他思维能够转向的焦点或是注意方向。通常它和注意力被分散之前原本的专注点是一样的。但是运动环境不断移动和变化，专注点是否正确取决于每一时刻中发生的事情。因此，注意是流动的，而不是静止的。知道应当专注在什么上是一项重要技能，是运动员和教练随着时间推移不断置身于各种不同情况中逐渐培养出来的。通过学习，将这些情形和适当的反应存储到记忆中，个体可以增强在很短时间内快速反应的能力。这能最大化运动员反应的有效性，进而帮助他们在表现中进入或回到流畅状态。

运用任务目标

不论你将注意力指向过去、当下还是未来，都和流畅状态的出现有重要关系。你所专注的内容也是如此。结果目标和任务目标的区别在第 5 章中已经讨论过了，我们强调了任务目标比起结果目标所具有的优势。而你带进体育比赛中的注意焦点类型，也可以用任务和结果两种方式来描述。

任务焦点指精神集中在比赛中特定的挑战上。可能包括技术或策略点、实施某些套路或者只是单纯地投入到比赛中。任务焦点会将注意力指向当下需要完成的事情。

另一方面，结果焦点关注的是超越对手，个体注意力放在自己与其他人相比做的如何上面。几乎所有运动员都会在某些时刻把自己和对手做比较，这并不一定是坏事。但是如果意识的焦点停留在对手以及与其比较上，那么运动员的注意力就偏离了需要它的地方，也就是自身的实际表现上。留意别人做的如何，并持续将自己和别人作比较，会让心理能量脱离当前正在进行的任务，还会使得注意焦点远离此时此刻。当结果焦点变多，运动员进入流畅状态的可能性就下降了。

保持简单

流畅状态并不是单纯跟随活动进程而不动脑筋，甚至对正在发生的事情一无所知的意识恍惚。“随波逐流”这个词和我们所讲的流畅状态恰恰相反，前者只是一种懒散的态度，就像是你骑在马背上却不付出丝毫努力，任凭马匹把你带向别处。流畅状态要求的是深层次的聚精会神——但这无法仅凭意志努力集中精神来达到，也不可能通过用无数思绪塞满头脑来实现的。

是的，你可能想的太多了。思维太刻意或太繁杂，意味着心理负担和过度分析。而流畅体验是一种对当下自己所做所思都感到舒适自如的状态。在进行运动表现的时候在头脑中塞进很多想法，会妨碍你完全沉浸到所做之事中。保持简单，对于常常过度分析的思考者来说是个相当不错的策略。一位曲棍球运动员提到了保持简单如何让自己精神放松：

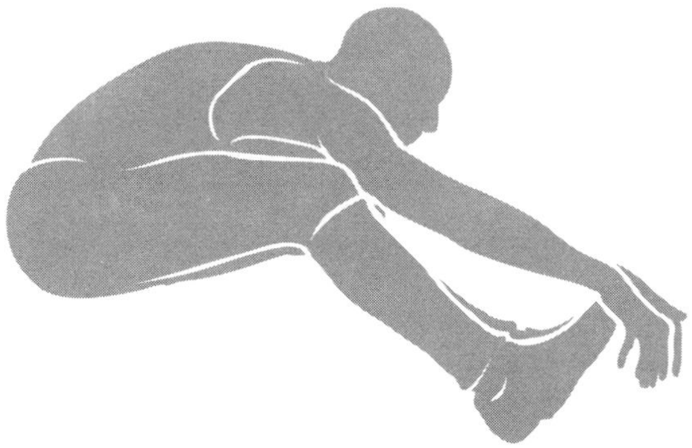

我喜欢把事情想的简单些。我喜欢把，比方说，20 个要点，减少成 3 或 4 个要点，让一切保持简单清晰。这样你的思维就能放松下来了。

运动员在整个表现期间想要专注在多少个技术点或策略点上，是一个非常个人化的选择，也是一个根据各种运动项目的具体需求不同而不同的选择。你需要记住的原则是，不要因为想对自身表现采取积极主动的认知方法而走向了过度分析。

比赛计划

刚刚反对了“想太多”，接下来我们要推荐一个策略，它涉及那些有关自身表现的想法。秘诀就是当这类想法出现的时候，务必谨慎选择。在赛前要制订一份完善的比赛计划，其中清晰列明在比赛的不同阶段需要把注意力放在什么地方。提前做好心理计划，运动员在表现时才能轻松自如地实施它。

比赛计划在训练和模拟竞赛中提前预演的次数越多，它的执行就会变得越加自动化。这样一来，在真正比赛时需要临时进行的分析和计划工作就变少了。但是，不同运动项目对这些事先做好的心理计划的容纳和适应程度也不同。有些项目，比如跑步和游泳，非常适合提前制订详细的计划。因为这些运动的比赛可以被分解为若干小阶段，针对每个阶段都可以设计目标和注意焦点。而另一些项目则互动性较强，比如球类运动和大多数团队运动，它们涉及很多赛前无法完全准备好、当场展开的策略和打法。但是，在这些类型的运动中，如果所有选手针对固定打法和关键情境而制订的心理计划都具有良好的预演和理解，那么也有助于比赛时完全的投入和正确的专注。

每项运动的结构都有所不同，同样，心理计划的形式也不同。借助运动项目的结构，你可以设计出适合自己的心理计划，以便在比赛中达到最理想的专注水平。

制订备用计划

即使是最详尽的计划，在某些关键时刻也可能会动摇或解体。这就是应该使用备用计划的时候了。备用计划应该涉及准备好做出各种反应，或是重新聚焦于某些策略，以备在不利的比赛情境中使用。在备用计划中，你可以为某个以往经历过的情境再次出现做好准备，或准备好面对一旦出现就可能损害自身表现的新问题。当然，为所有可能出现的干扰或困难都制订计划并不现实，这样做的话会剥夺运动中的许多乐趣和即兴反应。但是，提前想好你在可能决定比赛进程的那些情境中会做些什么，能够让你在关键时刻来临时迅速做出恰当反应。当某些预料之外的事情发生时，知道自己有备用策略，能够提升你的自信，进而帮助你持续专注在当前的任务上。

练习专注

只有运动员具备有效专注的能力时，心理计划才能同样有效。如果运动员没法专注于计划中的各个部分，那么有再详尽的计划也于事无补。专注是一项极其重要的技能，许多教练都曾在场边向运动员大喊："集中精神！"有位运动员在我们的一次访谈中概括了为什么专注这个维度如此重要："在比赛中，专注完全占据了你的全部意识，所以我认为，要想进入流畅状态，你需要有强大的专注力。"

能够保持恰当的专注这项技能，决定了任何计划在执行时的有效程度。如何拥有专注的强大力量成为了许多书籍和励志课程的主题。而这个技能和其他所有心理技能一样，是通过练习得来的。

明确专注的内容是第一步，这也是心理计划在其中发挥重要作用的一步。发展专注能力的一条基本原则就是，以能够模拟你在运动中所需要的特定专注类型的方式来训练专注。

如果需要的是范围狭小的专注，就像在体操套路中一样，你可以在与实际竞赛套路时长差不多的练习中训练这种专注。这样的练习能帮助你培养出特定比赛所需要的专注技能。如果你的运动项目需要从许多不同的方向获取大量信息，就像在足球比赛中一样，那么，在你必须从多个来源获取信息的情境中训练保持专注的能力才会有帮助。

发展一套既能够适应你的运动需求，也符合你个人风格的专注力活动和常规程序，可能是最为有效的训练方法。一名花样滑冰运动员描述了自己在每场比赛前都会遵从的常规程序，以获得最佳的专注水平：

> 临近比赛前的一个小时里，我做的第一件事：专注在冰上。我会看着冰场。这时冰场里没有其他人，我就那么看着冰面并对自己说，这是我的，这是属于我的时刻。然后我把注意力从冰上移开……那是冰面，那是我自己，那是我的搭档。别的什么都没有，别的任何事都无关紧要。什么都不重要了。我这么告诉我自己，并使自己相信这句话。任何干扰这句话的事情都必须转变成积极的——或者被忽略掉。我会在那待上一个小时。这并不容易做到。

这位滑冰运动员的专注程序能把他带到比赛就绪的状态中：他的注意力完全被冰面、他自己和他的搭档所占据。每一位运动员都需要找到对于自己来说最好的专注感，并坚持一套能够在比赛时引导他找到那种专注感的常规程序。

随着个体的经验越来越丰富，完全有可能仅仅通过穿上运动鞋或走进比赛场地就实现专注。篮球巨星迈克尔·乔丹发展出了专注于当下的超常能力。他说："我每次走上篮球场的时候，都不知道将会发生什么。我只活在此时此刻。我就在此时此刻打球。"

引导你的注意力

运动员将注意力引向的方向根据运动需求的不同而有所不同，而专注点也随着任务的改变而改变。然而，即使是在表面看来有赖于特定注意焦点的运动中，每个运动员也会发现对自己而言最好用的专注方式并不相同。例如在赛艇项目中，你可能认为注意范围狭小一些更为恰当。通常这类运动员会形容当他们处在流畅状态中的时候是“待在自己的船里”。但是，对于另一些赛艇运动员来说，将一些注意力分配给周围环境，效果也不错。一名运动员这样讲述了自己的看法：

> 我可以看看其他人在做些什么，但与此同时完全依靠自己身体的感官感觉。体内的神经末梢与环境和运动的动态保持着协调同步，因此你至少可以让你的思维，或者至少让你的眼睛，描绘出外部的事物……那样才是在享受你的运动。

对于这位运动员来说，看着周围，也是让他完全专注在自己身体节奏上的助力之一，并且使这项运动变得更有乐趣。但是，我们一般不建议运动员去观看自身表现之外的事情，因为这可能会令你分心，并且被拖入有关“别人在做什么”的思考当中。当然，在有些运动项目中，运动员表现必然受到其他人所做之事的影响，而且运动员保持对周围整体环境的觉察也非常重要。比如，多数团队运动项目都要求运动员具备将整个比赛场地纳入观察和考虑的能力，以便预测双方队伍所有队员的动向。

然而，在实际表现区域之外的那部分环境，比方说观众，既有可能成为干扰，也可能成为动机来源。在大批观众面前比赛可能会产生很大压力，尤其是当观众偏爱其他队伍或其他运动员的时候。有些运动员会集中注意力屏蔽观众，同时另一些运动员可能很享受这样的氛围。我们再强调一次：专注的方式没有对错之分，重要的是找到对于你来说最有效的专注点是什么，什么能帮助你在特定情境中更好地找到 CS 平衡。一位橄榄球运动员这样讲述了他如何应对在大批观众面前比赛的情况：

在比赛期间的某些时候，60000 多观众可能会分散你的注意并引发你的担忧。但是你会发现，当你参加大型比赛的时候，大部分时间里你会屏蔽这一切。你能觉察到现场的气氛、噪声和歌声，但是随后你会沉淀下来，进入一个微观世界。在这个世界里，只有你自己。

正如这位运动员所说，关键之处在于让自己脱离开现场的噪声及“气氛”中的情绪内容。许多人没法彻底阻隔感官干扰，但只要不让它们影响你的感受，就不必非得将干扰从注意范围中排除。

集中精神不是体育运动中唯一的体验。其他人——对手和队友——也能帮助我们实现专注，而不是成为干扰的源头。有一对划桨选手在描述流畅状态中的专注时是这么说的：“没有任何其他的事情进入你的头脑。”对于这对划桨搭档来说，当她们体验到这种完全的专注时，那是（用她的原话来说）“无与伦比的体验。”而知道你的搭档或队友与你同时达到了一样的最佳状态，能够进一步增大流畅状态的强度。这种与队友和表现的协调一致，使得团队运动对于许多远动员来说都意义非凡。

当队友之间的互动属于比赛的一部分时，体验流畅自然就变成了更大的挑战；不仅运动员自己需要找到正确的专注点，其他队友也需要如此。一位 8 人赛艇项目的划桨选手谈到了在这个项目中保持专注的难度：

> 如果比赛顺利的话，很容易进入流畅状态……但是如果比赛不顺利，你就进不去。所以还是得回到队伍中——每个人，所有人，一起合作无间。可能刚开始 5 ～ 10 分钟或半个小时非常顺利，但随后某个人可能丢掉了专注的状态或者节奏错了什么的。那么你就会跌出流畅状态，而且你对此没有任何办法。

有意思的是，这位桨手认为如果他从事的是单人双桨项目，保持流畅状态会可控得多。显然，享受集体流畅状态红利的代价是，放弃一定程度的个人自主性和控制力。

找到流畅状态的关键原则就是，找出哪些注意焦点能帮助你让意识完完全全沉浸在自己的表现当中。这可能意味着一种独特的专注方式，或者是一种在某个运动项目的特定情境中通常推荐运用的专注方式。反复练习各种指引注意力的方式，有助于让注意力技能获得灵活性，同时对于找出完全投入到表现中的关键点也是有帮助的。

完全沉浸在当下

当具备了流畅状态的所有条件——清晰的目标、稳定的反馈流、相互匹配的挑战和技能水平——专注就会变得更强烈。然而，看似矛盾的是，它变得更像是自发出现的了。换句话说的，当注意力敏锐而集中的时候，个体就无需再费力去保持它了。与此相反的是，当你在阅读一本枯燥乏味的教材时，你会发现你需要不断地强制自己专注在书页上，同时奋力解码字里行间的意思。你不得不挣扎着不让其他想法进入你的头脑。但是，当你在阅读一本扣人心弦的小说时，你的眼睛可能会在书页上毫不费力的一目十行，同时忘掉除了书中情节以外的所有事情。相似地，当运动顺利进行的时候，运动的需求可以轻松吸收你全部注意力。

一位花样滑冰运动员细致地描述了流畅状态中的这项矛盾，即“毫不费力的努力”：

好吧，那是一种彻底的专注，但它也是在彻底专注和彻底放松之间的一种平衡。因为你完完全全地专注……另一方面，它又是自己自然发生的。那就好像是一种全自动的程序。那感觉仿佛连集中注意力都是一件自动化的事情。你在表现过程中对自己说的话全都是自动的，都是些你在训练中一遍又一遍对自己说过的话。就好像你调用了训练中所有做得好的部分，并且它们都是自动发生的。

在流畅状态中比起在非流畅状态中更容易保持专注。滑冰运动员在描述流畅状态中专注的简单程度时常常表示，它就好像是自动发生的。事实上，在流畅状态中可以毫不费力的集中精神，正是流畅状态之所以这么令人享受的原因之一。保持专注于你正在进行的事情上，不再是一种折磨或负担，因此个体可以完全投入任务，从而体验到一种心满意足的愉悦。

当一段体验极其强烈，需要你投入所有的注意力来处理其细节时，可能就没有足够的心理能量用来将这一体验转存为记忆了。因此，虽然我们知道自己经历了一些非常美好的事情，但我们可能没办法确切地回忆起来。一位滑冰运动员这样描述了一段十分强烈的流畅体验：

我记得其他几次类似的表现，但是我却想不起任何关于这次的细节。

我们离开冰面后，我一件事都说不出来：一片空白。我在想："刚才发生了什么？"而对于另外一次，我就记得很多细节。……我记得当时冰面的感觉，还有……每一个细节。但这一次我仿佛漂浮而过，我真的一件事都说不出来。

其他运动员也提到了这种漂浮感，以及事后缺乏细节记忆的情况。下面是一位桨手提到的类似情境：

搞笑的是，就好像事情一结束，你就忘了刚刚发生过什么。整个过程似乎都处在奇异的恍惚状态中，但是又明确地知道自己接下来要做什么。仿佛这一切你之前都做过了，所以它这么简单。你懂的，没人能够干扰或阻碍我的任何事。就好像被催眠了似的。

这种体验如此强烈，以至于它吸收了每一点注意力，因而个体不能再处理任何信息，甚至忘掉了自己的存在。运动者失去了本体感，好像是处在恍惚状态中的一套自动装置。这样的流畅时刻有些类似于某些宗教的修行者通过仪式、祈祷或冥想达到的狂喜和入迷状态。比如，运动员提到的漂浮感让人想到“无为”这个概念，即中国道家所说的“正确的生活方式。”在这一高强度的流畅状态中，专注不仅变得毫不费力，也达到了一种超越身体的纯粹的精神层面，但是，是身体最初的努力实现了这一点。

我们可能因为五花八门的原因而开始运动，比如它让我们拥有健康的身体、获胜后的激动以及远离日常烦恼的能力等。然而，运动中所蕴含的最高奖赏是这种对当下的完全沉浸。我们体验到了此时此刻的一切，我们的躯体和精神在这样的体验中自由自在地延伸开去。

第8章

把握可控要素

我们很少会觉得日常生活完全在我们掌握之中。生活中总是有许多不可预测的事件影响着你我：某人供职的公司决定裁员，使得这个人失去了工作；病毒可能侵入某人身体，致使其受病痛折磨；某人的伴侣可能觉得感情淡薄而决定与之分手。每时每刻，总有许多悬停在我们觉察范围之外的潜在因素足以威胁我们的幸福。

而运动最能令人心满意足的原因之一，就是它针对围绕着我们的这些日常混乱提供了一间临时的避难所。在参与运动时，我们可以忘记若隐若现的威胁，全然沉浸在那些我们能够把握好的事情上。大多数运动项目都具备清晰的规则——它为能够发生的事情划定了范围，并排除了其他所有杂项。在体育运动中，只要准备充分，我们就能够应对我们遇到的任何事。

一位舞蹈演员提到，她在这种全情投入的时刻体会到了安心的感觉：

> 一股强烈的放松和平静的感觉笼罩着我。我一点都不担心会失败。这是多么强大而又温暖的感觉啊！我想要敞开自我，去拥抱全世界。我感觉到了一种巨大的力量，它影响着某些事情，但又非常优雅和美好。

当然，我们从来都不可能控制一切，即便是在最为强烈的流畅体验中。流畅体验只在挑战和技能达到平衡时出现，因此，挑战的可能性突然提高，以致我们跌出流畅状态的情况经常发生。然而，重要的是要知道，原则上来说，我们有可能让事情保持在控制范围内。如果我们准备充分并能保持专注，那么我们就能够持续把握好自己的表现。用一位年轻篮球运动员的话来说就是：

> 我感觉事情在我控制之内。确实如此。我做过训练，并且能很好地感觉到自己能投出什么球……我当然不觉得自己能控制其他选手——即使他很差劲，而我也知道如何击败他。但我只把精力放在自己身上，而不是别人。

总而言之，运动中的控制并非针对对手或外部障碍，它的核心在于学会如何管束自己游移的思绪、浮躁的情绪以及不稳定的意愿。运动创造的是实现自我掌握的机会。

控制在流畅状态中扮演的角色

“尽在掌握”传递出的是人们在生活各个方面都始终在寻求的安全感和力量感。有些人穷其一生，只为积累越来越多的金钱或权力，从而实现对周围环境的控制。控制的魅力有一部分根植于人们对其对立面的恐慌。失控的感觉是种令人恐惧的体验，并且会伴随着担忧和其他一些负面情绪。无力干预发生在自己身上和周围的事情，会引发个体的无助感和无能感。这些感觉会摧毁一个人的自信心，并使我们从正在参与的冒险当中退缩。

> 加利福尼亚大学洛杉矶分校的传奇篮球教练约翰·伍登（John Wooden）曾提供了许多明智的建议，其中之一就是，“不要让你做不了的事，干扰到你能做的事”。

从舒适到流畅

为了留在流畅状态中，一个人必须不停地提高挑战和技能的水平，并保持二者的平衡，但这种成长与保持控制感之间是不一致的。缺乏信心可能会使你拒绝参与到富有挑战性的情境中承受风险，因为具有巨大挑战的情境同时也会增大失控和不成功的可能性。如此一来，你可能更愿意选择停留在成就的某个特定水平上，或是只在有很大概率成功的情境中才会付出努力。

尽管这样的策略可以确保舒适的感觉，但是它们却不会带来任何成长。失败的风险与成长的机遇总是并存的。赢得一次重大的锦标赛的确是一项了不起的成就，但是为了赢得下一场或为了让技能继续提高，运动员需要迈出已有的舒适区，并进入流畅区。流畅区的范围取决于挑战和技能之间精确的平衡，并且二者都需要拓展至个人的极限。

运动员在描述自己的流畅状态经历时常常提到具有强大的掌控感。让我们来看看这位跑步运动员，她讲述了一场自己体验到流畅状态的比赛：

我跑出了个人最好水平。当时我有十足的掌控感。我感觉自己无比强壮。我完全照我计划中的那样奔跑，而不会遇到什么麻烦。我真的非常专注。我感觉像是，你知道，就像是……“咔嗒”一声，开关亮了。

这名运动员还进一步描述了她体验到的掌控感：

我彻底掌控着自己头脑中的思绪，对自己的身体和努力程度也有完全的把握，而且，当我对自己说“好吧，让我们冲刺一下”或“让我们来甩掉这个人”的时候，我就能够跑得更快。完全能做到这些，并且完全能够控制自己头脑中的所有想法。假如，疼痛找上门来了，我能对自己说“好吧，我预料到这个了，没什么大不了，我不会为它多花什么心思的。”我能够说到做到……轻松摆脱它……对，完全掌管着自己的心理和身体。

这些显然都是当事人真实的感受，但是，流畅体验意味着一个人处在表现的极限处。在这里，挑战和技能是流动的，而且时常发生改变。这有点像是把你的重心移到边缘处，以提高你的表现水平。如果一个人真的感到尽在掌握并保持着这个状态，技能水平就会渐渐增长到高于挑战水平，流畅体验也会逐步让位于放松感，并最终滑向厌烦。

正是由于这个原因，一切尽在掌握的感觉和流畅的感觉一样，都是如此的短暂易逝：它们的根本性质决定了人们不可能长时间地体验这两种感觉。一旦某个水平的控制感让我们觉得舒适，我们就会面临跌出流畅状态的危险。此时，我们就需要向更高的挑战前行，迈入带有风险和不确定性的新领域。足够幸运的话，我们会在更高的技能水平上再次获得掌控感，并在新的挑战与技能平衡点上产生流畅体验，然后依此类推，进入一个表现的复杂程度螺旋式上升的过程。

刀锋行走

对于运动员来说，在流畅体验关键平衡中容易受到威胁的往往是技能这方面。信心不稳定，而且会受到比赛结果的影响。挑战永远会出现，尤其是在高水平的体育比赛中。也许这就是为什么运动员总提到掌控感，特别是在谈到他们记忆最深刻的那些表现时，当他们的体验不同于一般的运动体验时。一名花样滑冰运动员用“刀锋行走”来形容它：

> 在刀锋上行走……你可以打磨它，让刀刃变得更薄。但是，你要么从刀的这边摔下去，要么从刀的那边摔下去。我认为压力可以导致这种情形。可一旦你进入了状态，那这事就绝不可能出一丁点问题了。

在这样的黄金时刻中，运动员不会面临不知所措的不确定性，也不会遭遇自己能力不足的担心。丢掉这些枷锁会让运动员感到自己变得更强大，这也是为什么，一旦体验过流畅状态，运动员就会对它孜孜以求。

平衡控制与释放的关键

流畅中的控制感一般隐藏在觉察的表面之下。如果我们把精力花在尝试获得掌控感上，我们就没有足够的资源来让自己完全投入到活动之中了。当我们渐渐不再担心掌控的时候，我们反而离流畅状态更近。因为这种态度表明我们确实全心投入到任务当中，并且拥有了“失控也不成问题”的信心。因此，放开对掌控的渴望，反而会带来更好的掌控。当我们纳入赛前准备和其他必要的可控因素，忘记掌控感并完全投入到活动之中就成为了获得流畅体验的关键。

找到最佳的掌控水平

我们都能回想起一些我们在运动中感到局面不受控制，或者超出我们能力范围的例子。这些感受如此强烈，以至于我们开始怀疑自己的技能水平，甚至质问自己为什么要来参加比赛。失败的趋势可能会引发这种感受，特别是当自己与对手差距过大，几乎没有什么机会展示自身技能的时候。因技不如人或决策失误而陷入尴尬的境地，会令运动员产生不适的负面感受，而体育运动天然存在的公共性却十分重视由他人评判带来的感觉。想要做好，但又做不到，就会导致陡然加剧的焦虑感。

所有这些情境都会引发失控感，并会剥夺体验到愉悦的可能性。根据第 3 章中讲过的流畅状态模型，当挑战水平远高于技能水平时，我们基本感受不到任何掌控感，相反会感觉焦虑。想要将信心水平拉回运动员自己觉知到的挑战水平上，进而恢复 CS 平衡，重新获得掌控感是必要的。这可以通过两种方式实现，要么重新定义挑战，使其可行；要么提升自信，直至有可能触及挑战的水平。

运动中是否存在过度控制的情况？控制感一定越强越好吗？根据流畅状态模型，并非如此。无论平衡偏向了技能一侧还是挑战一侧，体验的质量都会下降。

觉知自己一定会成功的话，动机和专注就会消散。如果胜负早已经成定局，那么何必还要竭尽全力呢？但实际上，运动中很少有结果确定无疑的情形，因此，相比于在运动中感到缺少掌控，感到掌控过度一般不算是一个问题。不过，

要牢记的是，全心投入去追求目标的过程之所以如此吸引人，一部分原因恰恰在于结果难以确定。通过自己的努力与信念实现目标的体验，比你朝向固定结果行动的体验，要令人满足得多。

看清可控因素

在运动环境中，有些因素是可控的，另一些则超出了我们的能力范围。例如，我们自己的表现是在我们控制之内的，我们对周围事情做出的反应也是可控的；而对手或裁判的行为则不在我们的控制范围内。认识到我们能够控制和无法控制两方面之间的不同，有助于我们做好准备，并清楚地意识到我们将要面对的挑战。如果不做准备，也不将注意力放在表现中的具体方面，那你就很可能在面对接下来的挑战时，置身于技能储备不足的风险之中。因此，做好准备工作为流畅状态打下基础十分重要。一名敬业的运动员可能会为每场比赛列出若干最为关键的因素，然后对照检查每一项，看看哪些已经在控制之内，那些还需要做进一步的准备完善。表 8.1是针对比赛的掌控清单的样例。请你在第一列中写下能够在运动中引发最佳表现的重要因素（包括长期的和短期的）。然后在第二列中，写下每一项因素是否已经在控制范围之内。对于每一个目前还不在控制范围之内的因素，在第三列中写下将其纳入可控范围内还需要做哪些准备工作。

搭建舞台

在为一场重要的比赛做准备时，你需要考虑表现中的哪些方面呢？多数运动项目中需要分配注意力的准备领域都可以说数不胜数。健康的身体、恰当的饮食、身体的就绪状态、心理技能、技术因素、装备、场地的熟悉程度、旅途的长短……这个清单很长，当然，在每一个领域中还可以再细分下去。你能将每一个相关因素准备得多理想，影响着作为结果的运动体验。完美的准备工作意味着所有可控因素都要被照顾到。

表 8.1 针对比赛的掌控清单

最佳表现的因素	是否在可控范围内	所需的进一步准备工作
长期因素（比如，休息、饮食、训练）		
短期因素（比如，比赛目标、将比赛视觉化、期待一段愉快的比赛时光）		

西蒙，我们的骑手，讲述了自己如何为在比赛中获得成功而记忆深刻的流畅体验做准备：

> 我的表格准备好了，身体的各个方面都调动起来了：灵活性在线、力量在线、爬坡能力在线、恢复完毕。所有方面都打开了开关。我的风格恰到好处，甚至我吃的也不错。环境也提供了呈现最佳表现的可能性。我感觉唯一需要我与之斗争的就是那些不可避免的意外事件，比如扎胎什么的——它们有时的确会发生，但是我准备好了应对它们的心理能量。

在这个例子中，西蒙分享了他如何在比赛中照顾到那些重要的可控因素，并由此为进入一段流畅体验搭建舞台。如果密切注意事前的准备工作，就能够留出更多可用的心理能量去应对运动表现期间出现的挑战——其中有些可能是控制范围之外的。

识别最佳能量水平

运动心理学认为，竞技表现中最佳的唤醒或焦虑水平是能够解释并预测的。对于每一个人来说，都有一个最佳的焦虑水平，它能够促进好的表现。富有经验的运动员能够与自己的身体感受保持协调一致，在自身能量水平不理想的时候能够发觉。有时问题是缺少能量，导致运动者感觉懒散，或者反应延迟。但比赛中更为常见的问题是能量水平失控，此时个体通常会体验到紧张或担忧。也就是说，一方面，身体感觉过于放松会成为问题，另一方面，不够放松才是更普遍的症状。

获得对能量水平的控制力，第一步就是识别出置身于最佳能量区的时候是种什么感觉。每个运动员都有自己的最佳能量区，在这个范围当中，运动员能够感觉出来并且会知道自己的身体处在就绪状态。一位精英滑冰选手对此是这么说的：

> 那是个特定的精神状态，你是平静的，但同时你也紧张。我是说，你的胃感觉不太对劲，你知道自己在紧张，但是你还没到四处乱跑并大叫着你失控了的那个程度。你大体上能够控制自己的能量，能控制这种紧张感，并尝试着将它转化成可以运用的能量。

知道你在进行能量控制的时候想要实现什么很重要。篮球比赛需要的那种能量水平肯定和棋类比赛需要的不同。即便是在同一项运动中，不同个体在不同时机的最佳水平也很不一样。通过对过往表现以及与其有关的能量水平的反省与分析来找到正确的最佳能量水平，将不同的组合一一尝试，然后才能发展出调整现有水平的能力。

⏭ 明确你的最佳能量水平

回想一些你对自己的表现和表现时的能量最佳水平都很满意的情境。试着描述一下你处在最佳能量区中的感觉。对想要实现的内容形成清晰的图景，是重获最佳体验的第一步！

放松技术可以用于能量控制，也可以用来辅助发展其他的心理技能。比方说，专注技能就受到唤醒水平的影响。中等程度的唤醒水平能够促进专注，但太高和太低的唤醒水平都会使有效专注变得困难。

和掌控与流畅的关系类似，能量水平与最佳体验之间也存在一个微妙而精确的平衡。一位游泳选手讲述了自己为什么难以保持挑战与技能的理想平衡：

> 我必须要放松，但我也得兴奋起来，这恰恰是在两者之间——有几分焦虑，也有几分放松。这就像在走钢丝，如果我太放松了，我的状态会下滑，如果我太焦虑了，我的状态也会下滑。

选择你对比赛的反应

比赛中发生的事情有时是可控的，有时则是不可控的。但你选择对发生的事情做出何种反应却完全在你控制之内，这就提供了巨大的力量来源。不幸的是，这种力量常常成为了被白白浪费的资源，因为运动员要么认识不到自己有选择反应方式的自由，要么习惯了无效的反应模式。

> 有时候对手就是比我们厉害。你对这个无能为力，除非你自己负责安排比赛。虽然你或许可以影响别人的表现水平，但是你很少能真的操纵它。正如杰出的滑雪运动员A.J.科特所说：“你控制不了其他人做什么，你只能控制你自己怎么做。”

当裁判的决定对你不利，当对手越过比赛规则或体育精神做出不光彩的行为，或者当你发生误判的时候，你可以选择愤怒、受到干扰，也可以选择放下这些讨厌的事实并在比赛中继续前进。赛场上总是会出现不公或偏倚的裁决、对规则巧妙或拙劣的破坏、无法预见或控制的情境，等等。这些可能会造成严重的破坏，也可能被当作提示，警醒你专注在你表现中可控的那些方面。我们在头脑发热的时候很难选择客观或明智的反应，这正是为什么提前准备好你的重新专注策略（见第 7 章）如此重要。当自尊和情绪不至于妨碍我们的时候，做出有效的反应就会简单一些。学会在挫败或艰难的情境中有效地做出反应能够增加你的掌控感，虽然情境本身并不一定是可控的，但反应永远是可控的。

帕特·莱利（Pat Riley），NBA 历史上著名的“常胜”教练之一，曾说过这样的话：“当你与弄虚作假之人竞争，比赛会格外艰难。向全世界展示你能为总冠军戒指付出多少努力。只要你做到了，某一天就会有一通电话来点燃爆竹，宣告属于你的机会。赛场上轮到你坐庄了。”

一位认为流畅体验可控的桨手，坚信能否实现这个状态完全取决于个人：

如果进行得不顺利，就做出改变，做点什么让它变得顺利。唯一有责任把你带进流畅状态的人就是你自己。你得为自己所处的环境负责，这才是关键，你懂的，就是让你自己担起对自己的责任。当你进入流畅状态的时候你会知道的，然后保持住，并深入下去。

我们会在本章稍后的部分以及本书后记中谈到更多关于控制流畅体验的问题。此处的关键在于，你能控制自己对发生的事情如何反应，也就是说，你对你自己的想法和行动负责。

⏭ 在头脑发热的时候保持冷静

理论上，认识到你对于如何反应拥有控制权似乎十分简单，但是当压力来临时才是真正的考验。一位三项全能世界冠军，在讨论流畅体验是否可控的时候表示，她认为当具备了全部要素时，自己能够控制流畅体验，但是随着比赛的临近，这样的状态会变得难以保持。她讲了这个故事作为例子：

我有一个好例子，就是世锦赛……这听起来非常荒谬，但当时有个人要送一个我在比赛中要用的新轮胎给我。我现在可以告诉所有人，永远、永远不要动这个念头，永远不要在比赛前才换新轮胎。这原本不是什么大事。但是，我完全疯掉了，因为我们的车应该在当晚 6 点前抵达——但是 6 点了我的轮子还没到，所以我就彻底疯掉了……我完全毁掉了我的比赛。这是我经历的最糟糕的一场比赛。虽然我得了第四名，但是在某种程度上，这一切原本应该在我控制之内的。当时我完全可以坐下来说，一个破轮子没什么大不了的。但是，全部要素组合在一起才使一个人成为精英运动员，而这又有点超出我的控制。我感觉那不在我的控制之内，因为某个人的全部工作就只是按时给我送个轮子来，换了我绝不会做出如此令人失望的事，特别是当对方是新晋世界冠军的时候。于是突然间，我失控了。我本应该处在超乎寻常的流畅状态中，我本可以出色地完成比赛。我上周的比赛还很完美：我领先了所有人一大段路程，我的信心十分高昂。然而，如我所说，在比赛的 13 还是 14 个小时前，一切就都泡汤了，我根本没得到任何一瞬间流畅体验。

正如这位三项全能选手的故事展现出来的，随着比赛时间的临近，保持对反应的控制力会变得越发困难。如果你相信表现的好坏取决于外部支持的话——在三项全能选手的例子中就是她自行车的新轮胎——那就会变得尤其困难。如果在你的想象中，成功取决于外部事物，那你就等同于放弃了掌控，在面对无可奈何的失败时变得脆弱。必须在比赛前和比赛中把表现的缰绳紧紧地握在自己手里，以保证数周、数月乃至数年的准备能兑现成为最佳的体验。

感觉不可战胜

在困难的情境中练习掌控非常满足成就感。这会带来强大和有能力做出改变的感觉。优秀的运动员应当跨出必然成功的安全区，步入未知且不确定的高挑战领域。在这个领域中，人们常对结果如何怀有疑问，但是在这里练习掌控能够有效增进自我衡量的水平。这也是流畅中掌控感这部分的乐趣来源：不是在没有或只有一点风险时获得掌控，而是在挑战超出你目前的能力时获得掌控。

以毫不动摇的信心迎接高难度挑战，使之前无法想象的事情得以发生。有一名英式橄榄球运动员，曾与强势对手比赛，他讲述了自己当时的体验：

> 你想象不到任何事情会出错。我对面的对手就是一名精英球员，大概是世界上最优秀的两个边锋之一。比赛开始时我还能想象出自己在进攻中没防住他的情况，而在比赛结尾的时候，他已经根本没可能打败我了。即使对方是比我优秀得多的球员，但我直到比赛结束时也不会去思考这一点。

因为运动员能够不断寻求拓展自己的极限，并且拥有必要的毅力来发展技能并与难度持续增加的挑战保持协调一致，所以他们能够从不断将成绩提高到更高水平的过程中体验到巨大的成就感。这样的运动员也能够在自身行为活动的流畅状态中体验到巨大的愉悦。就像西蒙，他描述了自己处在这一状态中时产生的不可战胜之感：

> 你的思维不会从工作中游移开去，你的身体感觉很棒，一切都在顺利

运转；没有事情，没有任何一件事情有问题。你相信没有什么会出错，也没有任何事物能够阻止你或妨碍你。你准备好了去解决任何事情，你不惧怕任何可能性的实现。确实存在某些可能性，当它们出现时你会解决，接着就过去了，没有任何事情可以在你身上留下任何影响。然后你进行到下一项任务，就是这么愉快。

显而易见，西蒙在这次骑行时体验到了巨大的能量。还有一位曲棍球选手讲述了不可战胜感的另外一面——极度平静：

我有种绝对平静的感觉。就像是所有事情都非常如你心意，你将要做的任何事情，甚至是你队友将要做的，你都知道会做得刚刚好。

寻求对流畅状态本身的掌控

人人都渴望让流畅体验出现得更频繁，因此常常询问是否有办法掌控这一特别的状态。让流畅状态随心所欲地发生是不太可能的（这个问题将在后记中探讨），如果尝试这么做，只会令这个状态变得更加神出鬼没。但是，移除各种阻碍并提供诸多促进条件，能够提升它的发生概率——如何为流畅状态搭好舞台正是本书的主题。

在被问到流畅状态是否可控时，运动员的回应千差万别。有人认为流畅状态是偶然的天降好运，也有人认为这是一种在他们能力范围之内，并且可以期待它再次出现的状态。自我觉察和自我管束是重要基石，也是在我们掌控之内的要素。正如一位三项全能运动员所说：

我认为你能够制造它（流畅状态）。你可以透过做好所有的准备来为它搭建好一个场景。我认为，这是一种你应当向自己索取，并可以借由你的

训练和管束进入的状态，因为你必须成为能够读懂自己身体的人。

训练自己的心理和身体都很重要。同时，就像这段引述所说的，读懂自己，对于为流畅体验做好准备来说是关键所在。认清流畅状态及其触发条件，使得运动员能够朝着获得最佳体验的正确方向去努力。

尽管看上去流畅状态的发生独立于你自己的任何直接意志命令，但是你可能通过比赛前和比赛中的想法和行动在潜意识层面促进了流畅状态的出现。

这也是为什么有的运动员会借用一些在外界看来属于迷信的手段的原因。肯·德莱登（Ken Dryden），蒙特利尔加拿大人队成就卓著的冰球守门员，在他颇受赞誉的《比赛》（*The Game*）一书中，谈到了他在不同职业时期所依赖的迷信行为。例如，主场体育馆有一位名叫乔伊斯的女引座员，德莱登总会在赛前热身的时候向她微笑并点头。在某场比赛中他个人表现非常出色，队伍也获得了胜利，而在这场比赛之前他碰巧对那位引座员点头微笑，从此以后他就把两者联系了起来。当然，他也用到一些别的程序：

> 在每次比赛之前，我必须先打出一球。这球必须打中我方球网右侧那些装在保护性玻璃和冰场之间的板子上才行。如果没打中，我的表现就会很差。

另外，非常热爱分析的德莱登还讲解了他如何利用这个迷信行为在比赛中帮助自己：

> 我希望感觉到自己和我做的事情之间有缘分。我希望通过比赛从自身之外的世界获得一些专属于我一人而且无比饱满的感受……我用它（迷信程序）当作注意焦点，以应对我的恐惧。每次上场我都害怕会经历一场糟糕的比赛，所以我借助引座员和第一球来转移我对这种恐惧的注意。我控制不了恐惧，但迷信行为，是我能控制的。

许多球类运动员会佩戴幸运符，或者穿上自己最喜欢的一双鞋，或者蓄起胡子，以期做出更好的表现。有些运动员可能会在赛前许愿祈祷，或者进行其他一些个人化的仪式。如果一个人期待这些行为能对外部事物产生奇迹般的影响，那他们就是真的迷信。但如果这些行为只是帮助运动员集中精神，并提供针对比赛的掌控感，那么它们实际上就起到了促进专注，以进入流畅状态的作用。

在团队运动中，有时一名或多名队友能够创造出一种势头，进而帮助团队整体进入流畅状态。由于涉及因素更多，所以团队流畅更加难得。当然，当它发生时，每一名队员都与其他队员协调一致，此时的运动表现就会成为一种非常特别的体验了。

流畅状态使运动员能够充分沉浸在他们的运动中，而不会被对失败的恐惧或尴尬拖后腿。不论是个人还是团队获得了流畅体验，人们都将从对事情可能出错或不顺利的担忧中解放出来，自由自在地表现。一位花样滑冰运动员评论了“流畅”这个术语，以及这个状态带给她的“放下”的感觉：

> 很多人都用“同步”这个说法，但我真的很不喜欢。我不知道为什么。或者人们会说“这是一生一次的巅峰表现”之类的话。它们看上去都太老套了。“流畅”听起来就不老套。这种感受本身并不老套，你懂么？这种感觉狂野奔放，就好像你彻底放下了一切。你比之前任何时候都更加努力地推动自己前行，你不害怕会发生任何坏事。

这是一种没有恐惧、无拘无束的感觉——流畅状态中的掌控感正是这么回事。我们感觉到一切都处在恰当的位置上，我们面临的任务也是即时可行的，我们能够放下日常生活中所有让我们变得谨小慎微的限制，只会体验到流畅赋予我们的自由。

第9章

关注乐趣

运动可以带来极大的乐趣——你第一次接触它的时候就懂得了这一点。你最近一次特别享受运动乐趣的时候，有什么感觉？或许欢乐、高兴或激动之类的词会进入脑海，或许你会回想起自己大笑或微笑，而且感觉自己非常棒。

⏭ 乐趣与流畅状态

列出你享受运动乐趣时进入脑海的词语。然后将你的清单和运动员在描述流畅状态时使用的词语（见表 1.1）作比较。这些词语有什么共同点吗？通常而言，我们用来描述流畅状态的词语，和那些用来描述乐趣的词语十分相似。

运动为我们提供了释放压力和紧张，放下忧虑，并且完全投入到当下活动中的机会。运动甚至可以制造出心灵的充实感，就好像我们的人生超越了日常体验，活跃在一个更加圆满、和谐的层面上。

“运动真好玩！”

体育运动就是一种游戏，一段与我们严肃的日常生活相反的时光。我们在运动中玩耍，而不是在运动中工作。但是，我们常常会丢掉运动中好玩的这一面，把它变成另一项并不提供内在享受的严肃日常活动。

当儿童开始进行身体活动时，他们同时有种玩耍的感觉，这种感觉为“什么是乐趣”设定了标准。而当成人参与运动时，它就变得极其严肃了。名声、财富、总冠军戒指、职业生涯、赞誉或恶名都成了运动的一部分。运动转变为高度商业化和政治化的领域，许多人会因比赛胜负而获得或失去。职业运动员成了这个庞大系统的一部分，在这个系统中，手握金钱和权力的男男女女才是决定结果的人。然而所有这些，将运动中的乐趣置于何地了呢？

我们当中大多数人最初是把运动当作和同伴的游戏，为了乐趣而参与进来的。这些活动可能对沙坑之外的世界没有什么意义，但是它们对于参与者有特殊的意义，因为在游戏中，身和心融合成了无缝的整体。

大多数的运动对于不参与的人来说或许都有些奇怪，但是参与者在这种具备清晰目标并提供技能展示机会的活动中共享着由规则衍生而来的意义感。把一个奇形怪状的球放到场地上画的线后面有什么重要的呢？把一个枪形的东西扔得尽可能远又有什么用处呢？橄榄球和标枪是两种截然不同的运动，但是通过外部分析两者都不具备什么天然的意义。或许标枪可以追溯至人类依靠打猎和采集的古早时代，当时具备长距离投掷标枪的能力可以提高生存的概率。这样的分析并不是为了贬损任何体育项目，而是为了指出运动的意义取决于参与者接受规则，以及蕴含其中的挑战。通过参与，运动的个人意义逐渐发展起来，再把运动的历史意义添加进来，可以成为驱动运动员迈向卓越的决心。

自成目标体验

是什么激励着跑步者们无论在何种天气条件下，都坚持每天独自在马路、人行道以及跑道上长途跋涉的呢？是什么驱动着游泳者们花费成千上万小时在泳池里，努力完善他们的动作并提高耐力的呢？报纸杂志的运动专栏或电视节目的撰稿人常常把重点放在金钱、学术、奖牌和名声上。这些奖励造就了明星运动员，但是我们中 99% 的人是为了其他无形的原因而参与运动的。

如果我们为了某件事所提供的愉悦感而从事它，那就是说，参与动机来自活动的内在而非外在，我们不是出于某些外部原因而将参与这项活动合理化。内生动机（intrinsic motivation）意味着个体因为喜爱而参与到一件事情中，并未对任何额外的奖励抱有期待。对于那些将时间和经历投入到运动中的人来说，几乎总是存在内生因素，至少在初期阶段是如此。在很多人眼里，运动主要是一种内部奖励的活动，但同时或许也有极少的外部因素促成了运动的理由。而对于其他一些人来说，这些内生因素在赞助费、比赛日程和训练制度的长期裹挟下逐渐消失了——讽刺的是，这往往是精英级运动员的真实经历。当运动变成了生意或职业时，它就失去了一些内生动机的性质，与此同时，参与运动的其他原因则走到了台前。把运动定义为工作而不是玩乐，这原本没有什么错误。但是在前一种情形当中，运动的内生品质就可能隐退到幕后，甚至干脆消失。这样的后果之一，就是你失去了从活动本身获得乐趣的可能性。

流畅状态基本上是一种自成目标体验（autotelic experience），这是对具备内生奖励的事物的另一种表示。正如我们在第 1 章中解释过的，自成目标（autotelic）这个词由两个希腊语词根（“auto”，自己；“telos”，目标）组合而来。因此，自成目标活动指的是那些不需要其他理由的活动，因为它们拥有内置的目标。这样的目标非常简单，就是为了事情本身而做某事，或者更加准确地说，是为了事情带来的体验而做。运动员可以纯粹为了愉悦而参与运动，也就是说，出于自成原因而运动。金钱可以激励参与者，但在这种情况下，个体的参与就有了外部原因。两种原因可能在运动员不同的职业阶段体现出各自的重要性，而内部和外部奖励可能共同一道来制造动机。但是尝试同时对两种动机来源做出反应，局面可能会变得难以协调，因为自成奖励和外部奖励大有不同。

你为什么参与运动呢？请想出尽可能多的原因，并写在表 9.1 的第一列中。在第二列中，为每一个原因标明一个优先级排序。“1”代表这个原因非常重要，“2”代表这个原因比较重要，“3”则是有一点重要。接着，在第三列中，想想第一列中的相应原因是内部的（Intrinsic）还是外部的（Extrinsic）因素，并写下来。如果原因主要和从事活动并享受其中的愉悦感有关，那么它很可能是内部因素。如果原因与事后结果关系更紧密——比如良好的健康、迷人的身材或者朋友的称赞——它就更有可能是外部因素。看看你在第三列中共写了多少个 I 和 E，你就大体知道自己体验到流畅状态的概率有多大了。

出于内部原因而参与运动的一个好处就是，采用这个视角，你会度过一段非常愉快的时光。你的目标影响着你的专注点。当目标是享受运动的时候，注意力被引向活动本身，同时你会从参与过程中发现属于自己的收获。当目标是获取外部结果时，专注点不再是为了活动本身而参与的过程。运动员的注意力被分散给了活动和对外部结果的渴求两方面，这样一来，用于监控和实施运动表现的心理能量一下子变少了。而由于活动本身失去了重要性，通过参与活动获得流畅体验的概率也大大降低。

表 9.1　什么激励着你？

我参与运动的原因	优先等级（1、2 或 3）	内部（I）动机 / 外部（E）动机
注：在优先等级中，1= 非常重要，2= 比较重要，3= 有一点重要。		

这就是体育运动职业化如此富有争议的原因。看看巨额工资和长期合同对许多职业运动员表现和态度的恶劣影响吧。当运动仅仅作为获得报酬的手段时，内部动机隐于幕后，运动能够创造愉悦的独特潜质就消失了。

一旦外部奖励开始吸引注意力，运动者要想保持对内部因素的专注就变得困难了。伟大的教练能够将运动员的专注带回最初吸引和促成他们参与运动的方面。费尔·杰克逊（Phil Jackson），芝加哥公牛队的著名教练，成功帮助他的队员全身心沉浸到打篮球的过程中。杰克逊在《神圣的篮筐》（*Sacred Hoops*）一书中谈到：

许多刚进入 NBA 的新手们认为，能够让他们感到幸福的，是拥有在全国电视上炫耀自我的无限自由。但是，用那种态度去打球，先天就注定只能得到空虚的体验。使得篮球如此令人陶醉的，是将你自己彻底释放在这支舞曲之中而产生的乐趣，即便这样的美妙只是片刻而已。

运动与胜任力

运动提供了展示技能的良好机会，以及通过诸多既定的成就等级实现持续发展的通路。大多数人都具有展示自己能够胜任某事的动机，而许多人更是在运动中发现了培养技能和展示精通程度的最好机会。为技能匹配上合适的挑战，总是令人愉悦的，而运动中包含着能使二者的水平提升到新高度的绝佳机会。

流畅体验所依赖的 CS 平衡在体育运动及其他身体活动中可以轻松实现，而根据个人 CS 平衡来建构情境的机会更可以说是无穷无尽。够格成为运动的活动足以填出一份长长的列表，并且全世界一直在不断出现新的备选项目。诸如滑雪、跳伞或无辅助深海潜水等时髦的活动，作为运动项目的历史不过百年而已。

通常新运动的兴起是通过将不同项目的各个方面结合在一起而创造出新的项目。比方说，一套起初看上去有些不像话的组合，独轮车曲棍球：在用曲棍球控制球和棍子的技巧之上，加入了骑独轮车这一挑战，然后我们就有了一项新的运动。将既有运动项目中的诸多方面集合起来创造新运动的例子，不止有独轮车曲棍球，还有独木舟水球、雪橇冰球、三项全能等都是其他运动的混合。另外，也有很多新运动源自对其他活动的适应。但是，特定运动的内容，并不如它所提供的展示技能、寻求挑战的机会那么重要。

培养并展示你的能力，以及享受乐趣是参与运动的重要原因。这两者正是内生动机所追求的，也是流畅状态的前身，而且它们使得运动成为最佳体验的良好载体。但是，许多研究表明，当本来出于内部原因而乐在其中的事情开始受到外部奖励之后，起初的愉悦可能会变为杂务。比如，热衷于画画的孩子因自己的画作而被授予金色小星星或其他奖品之后，他们逐渐变得不那么喜欢画画，画的也比以前少了——他们感到那些提供奖励的人偷走了这个活动的主导权。运动的乐趣对外部奖励也同样没有抵抗力。接下来我们更详细地看看，运动的参与者如何克服障碍，通往应有的乐趣。

享受运动的关键

分析运动中的乐趣是个棘手的过程，这么做可能反而会减少运动内在而自发的兴奋性所带来的愉悦。我们在开始活动时常常给出或收到的那句“玩的开心”表明我们知道享受运动的重要性。但是我们如何让这个愿望转化为现实呢？事实上，谁也没办法强迫自己玩的开心，更不可能强迫别人。只有当所有的阻碍都被移除，我们完全沉浸在当前活动中的时候，享受自然就开始了。

不过，有些方法可以帮助我们做好心理准备，使乐趣可以更轻松地来临。比如，如果你把运动看的太严肃，如果你不能偶尔看到运动中的某些幽默之处，你或许就会错过一些运动最叫人欢乐的部分。如果你把数据看的太重，如果你做不到优雅地面对失败，如果每场比赛在你眼中都关乎生死存亡，你就会错过运动的精髓所在——从外部奖励和惩罚中解放出来。运动诞生的初衷就是为了获得乐趣，记住这一点，我们才能更好地去享受它。

小心自作自受

获胜、被认可为最优秀的人以及确保未来经济状况等，对于竞技运动员来说都是合理的动机。它们都是成功表现的结果或潜在结果。但是，尽管这些愿望在高强度训练和重要比赛的准备阶段可能是强有力的动机因素，但是在比赛期间却是干扰因素。当你认为最重要的事物存在于未来时，当下就只能成为你得到它的手段而已。然而，流畅状态出现在当下，因此，如果因努力确保未来的结果而忽视当下的话，体验的质量必然降低。当然，在目标实现前，任务总是要完成的，但它是以不用心的方式完成的，因为当下仅仅是在目标最终实现之前必须要度过的一段时间罢了。

运动的结果是外部因素，而且它们会以多种形式呈现。有的形式很明显，比如胜利或奖金。也有一些形式不太明显但却同样重要，包括获得认可或接纳的动机，它们驱动着许多运动员保持良好表现。想要减肥或提升心血管的健康水平也属于外部动机，它将很多人束缚在锻炼项目中。不论原因是什么，如果享受没能成为参与运动的一部分，改善生活质量的绝佳机会就错过了。

想一想，究竟是什么提供了最美好的享受，增加了运动给予你的内部奖励？它或许是你在短跑比赛中体会到的速度和力量，又或许是在强风中驾驶帆船航行的感觉。能让身体在空间中做出高难度的腾挪是很多体操和跳水运动员的乐趣所在。手眼或脚眼协调是一项掌握之后十分好玩的技能，也是诸如网球、橄榄球以及篮球等球类运动的核心。学会并掌握运动技能会带来巨大的满足感。能够提高挑战水平，并以你的技能去应对，是运动的独特魅力，也是深层愉悦感的来源。

有些运动员和教练在参与到运动中时，自己都不完全明白这么做的原因。运动中的哪些方面能为你带来挑战和享受的感觉，这是件值得思考的事情。如果你能学会将更多的注意力放在这些方面上，就更容易保持动机，因为你做的越多，便会越乐在其中。

一位世界级的花样滑冰运动员，讲述了她在离开业余组之前的最后一次表现，并且提到了她走上冰面的时候想要体验到什么：

走上冰面的时候我并没有去想，我要滑的很好，这样就会有人来和我签合同，或是人们会因此而认为我是一名出色的滑冰运动员，又或是所有人都在想，“她为自己的滑冰生涯画上了漂亮的句号”。我想要滑好，只是因为我从没体验过极致的流畅状态。我一直感觉很好，但是我真的还想感受到更多……当我走到冰面上的时候，我有点害怕，但是我感到那里有我所渴望的某些非常强大的东西，一种付出全部而又收获全部的满足感，并且能让每个人都开心，重要的是让我自己开心……我什么都没想，我只希望用自己的表现好好款待这些观众。我想到了比赛中的关键点，就是我享受表现。

专注在表现上，并排除了其他所有东西，为这位滑冰运动员带来了回报。在这一场比赛中，她贡献出了自己运动生涯中最令人满意的表现。

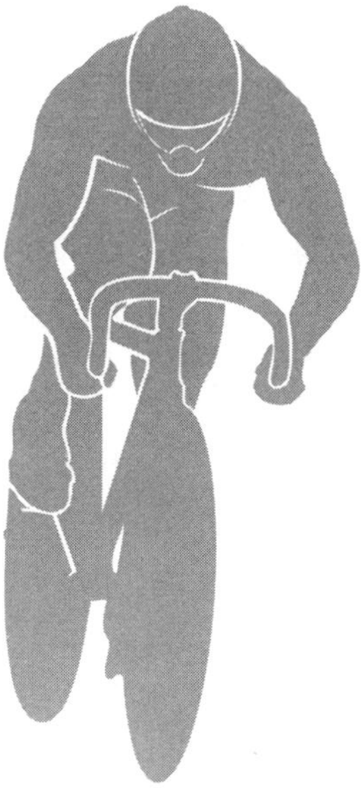

把比赛变作游戏

对于很多运动员来说，比赛很有趣。这是一个在你与别人以及你与自己的比拼中，检验自己的机会。因为比赛中的得失要比训练中的大，所以运动员往往更喜欢比赛的时光。在第 5 章有关目标的讨论中，我们已经谈到了在比赛时采用任务导向的优势。需要记住的是，任务导向的涵义远远不止专注于好的表现。比方说，就游泳选手而言，任务导向还包括对身体周围银色浪花的注意；就攀岩者而言，任务导向还包括用指尖去感受古老的山脉和岩石。

享受运动不一定就是赢得比赛，甚至不一定就是做得好。一些最为历久弥新的身体活动记忆可能与痛苦、惨烈的瞬间有关，运动员在这样的时刻里第一次明白了自身优势和极限所在，或第一次理解了自己运动项目的部分精髓。一名帆船选手的船在一次远距离航行比赛中意外受损漏水，她不得不连续几天不停歇地舀水，直到她望见了港口。在踏上码头的那一刻，她已然和一周前扬帆起航时的自己判若两人。她所征服的几乎是一段非人的航程，但是她成功应对了挑战。在这段被海水浸泡而痛苦不堪的日子之前或之后，她都没有感受到如此强烈的流畅状态。

一个人越是享受运动的细节，他就越容易沉浸在任务当中。如果当作个人化的仪式来做，即便只是系紧自己的运动鞋，都能够帮助运动员把思维专注在即将到来的表现上。体育馆里的气息通常无法和高雅的香水相比，但如果体操运动员或球类运动员留意到这种气味，并将它和愉快的回忆联系起来，那么嗅到第一口体育馆的味道就能帮助他们集中精神。自行车车把的手感、攀岩者安全扣锁的重量、船桨劈开水流时的顺滑感——这些是运动员可以学会欣赏的成百上千个元素中的一部分而已，而它们都能够帮助你集中精神。它们能将你的注意力锚定在活动本身，而这种对当下的专注可以促进你对活动的投入，从而引发流畅状态。

比赛也是有助于你保持专注的强大动机来源。但是，当取胜成为唯一重要的事，而过程中发生的事情只能往后排的时候，比赛就变成了干扰因素。和采取结果导向的情形一样，比赛会降低运动过程在参与者头脑中的重要性。而过程才是享受的起源，看轻它的价值，就会夺走运动中的愉悦。

重新平衡挑战与技能

当挑战与技能水平失衡时，行动与觉察的整合所需要的专注也会被打断。比方说，当攀爬变得过于简单，攀岩者就会开始分心，因为他觉得没有必要将全部注意力都放在岩壁和动作上。一旦注意力开始游移，日常生活中的关切和担忧就又出现在脑海中，攀岩的乐趣就会中止。相反的局面也会导致类似的情节，当攀岩的风险对于攀岩者现有的水平来说过于困难时，担心下坠，或想到也许不得不在山上度过寒冷的一晚等念头就会开始影响运动体验。

在团队运动中，有时很难保持恰好的平衡，因为对一名队员而言合适水平的挑战，对于另外一名不太有经验的队员来说却有可能太难，又或是，对于能力更强的队员来说太简单。比如，如果你和一位真正的专业选手一起攀岩，也许他正在享受岩壁的倾斜度，而你却因为焦虑惶恐感到快要发疯。又比如，如果你是一名中级滑雪者，和滑雪经验丰富的朋友一起滑下专家级雪道可能让你左右为难，因为你也许会在雪道上丢脸。同伴压力属于外部因素之一，它常常会干扰个体对体育活动的享受。

保持恰当的 CS 平衡是一项持续性的任务，为了能够保持对所做之事的享受，运动员和教练都应该关注它。由于并非所有挑战都能够事先预测，与此同时有诸多因素影响你对自身技能的觉知，因此，在运动期间对二者的平衡需要持续调整。让你看待事物的方式保持灵活，并且积极适应不断变化的需求，这些技能可以促使通向流畅体验的大门保持开放。

记住，CS 平衡是一个主观的匹配。换句话说，有些个体会在自己的技能比客观困难高一些的时候感觉到平衡，而也有些个体会在挑战高于客观技能的时候更加专注。因此，重要的是找到你自己的动态平衡，并学会如何保持在那里，根据需要来调整挑战水平。

流畅状态中的享受

尽管处在流畅状态中的运动员在表现期间难有闲暇去注意其他，但享受通常是这一体验中记得最清晰，也是最被珍视的部分。西蒙为我们描述了流畅状态带给运动员的鼓舞：

> 它能带给你兴奋的感觉，促使你将手头的事继续下去，也就是继续去运动。一旦你做成了，一旦你得到那种感觉，它就能鼓舞你。一旦你失去它，那么在你再次得到它之前可能会过得相当艰难。可是一旦你找回了它，那就像水到渠成一般，所有的事情都变得非常顺利，非常棒。那就是你期望中运动的样子。

一旦体验到，流畅状态就会像磁铁一样把我们拉向它。流畅状态所带来的感受将成为我们所有人生体验中最宝贵的部分。进入过流畅状态、得到过流畅体验的运动员们是这样说的：

> 我的身体感觉棒极了……你觉得任何事物都没法打败你。你站在了世界之巅，没有任何东西能把你从那里拉下来。这种感觉叫人惊喜不已。在那场比赛之后，我的这种兴奋感保持了好些年。那真是一种欣喜若狂的感觉。
>
> 每一次跳跃，我都像是驾着波浪而行。我的信心随着比赛的进行而增长。我感觉不到疲倦。我沉浸在这种享受里。太美妙了，这么多年的辛勤汗水都是为了它。

与这种令人惊艳的感受相连的，通常是非凡的表现。因此，流畅体验往往就是巅峰体验，正如一位跑步运动员说的："我真的很享受那次跑步的体验，也真的拥有了一场我一生中最成功的比赛。"当运动员头脑中的一切要素都很理想时，

身体能制造出卓越表现就在情理之中了。然而，回想这样的体验，其终极价值在于我们当时有多么享受，而不是我们由此获得了什么。流畅状态是如此的特别，其中的所有要素都协调一致、顺利圆满。我们要记住这种感觉，并让它成为我们一生的生活标尺。

后 记

下一站去哪？

在许多方面，文明意味着人类持续寻求着让自己感觉更美好的方法。不断有证据表明，自人类起源以来，人们一直通过各种各样的手段尝试改善体验的品质。比如，享用美酒佳肴，或借助音乐、舞蹈和各种仪式。而至少在最近几百年里，人类通过参与有组织的运动与体育赛事来实现这一点。尽管具体方式互不相同，但它们却有着共同的目标，就是创造出比日常体验更令人向往的主观心理状态。

可以确定的是，随着我们迈向未来，提升生活品质的技术一定会继续发展。新的形式会出现，旧的形式会改变。考虑到近些年的科学技术及其所支撑的生活方式经历了指数级的爆炸式发展，人们未来用于创造流畅状态的手段应该和现在的有所不同。那么，运动的未来又会是什么呢？

发展新型的运动

有两个主要的思考方向，琢磨起来很有意思。第一个，就是单纯地发觉在挑战情境中发挥身体潜力的新方式——换句话说，就是新运动的出现。我们现在看来理所应当的许多运动方式，其实只有一百多年的历史，基本没有体育项目能回溯到超过两个世纪之前。确实，古代人类曾经普遍比拼箭术、投掷石块或跑步，古代也曾有奥运会，另外古希腊还有其他一些赛事。但是，这些比起现代我们所熟知的个人运动比赛，其性质更接近公共仪式。只要大多数人仍然忙于在田间从日出劳作到日落，或是从一个战场行军到另一个战场，那么人类对于额外的身体锻炼就没那么大的需求。

我们现在所熟知的体育运动是在工业革命时期才开始逐渐正规化并走向繁荣的。在 19 世纪中期的几十年间，大多数现代运动项目——从高尔夫到网球，从棒球到足球——才开始形成正式组织，并具备了规则、制服和竞赛联盟。自从那时，新运动项目诞生的速度变得比历史上任何时候都要快。特别是在美国，这些新式运动通常倾向于高度个人化、结构相对松散并且较为依赖个人技能和决策。例如，冲浪、悬挂式滑翔、雪板滑雪、攀岩、潜水或山地骑行等。

传统运动偏爱简单的目标，并且基本都归纳在奥运会的口号“更高，更快，更强”当中。新式运动则相对比较复杂，更依赖于个人风格、独特性和想象力。与此同时，还出现了更为正式、竞争性更强的运动形式，它们强调耐力和多种技能，从马拉松到铁人项目都是如此。而最近的发展趋势主要涉及形成针对特殊人群的规则和联盟，比如针对老年人或残疾人群体等。

随着现代人的生活方式持续变得越来越按部就班，我们期待产生一些以努力和风险为核心的新运动项目，使我们不至于彻底失去调动身体时可能获得的流畅体验。在过去，新式运动的出现往往源自不安于常规职业并且拥有大量时间的年轻人。想一想，科罗拉多州的居民创造了特技滑雪和猫跳滑雪，而最早发展出冲浪的是加利福尼亚州、澳大利亚和夏威夷海滩的居民，你应该就明白了。

精确预测未来的尝试，只会以沮丧告终。没有人会详细记录有关 20 年、10 年或者哪怕是 5 年之后的世界是什么样子的猜想。人类太过精明，而社会中的各种因素也太过复杂，因此我们没法细致地预见未来景象。确实，偶尔有几条预言幸运地得到了验证。比如，菲利浦 · 奈特（Philip Knight）在 1963 年写过一篇

大学作业文章，提出生活方式会在可预见的未来里发生重大改变：人们会越来越关注个人健康和体形。他相信，会有越来越多的普通人希望模仿专业运动员。因此，如果有人能生产并销售早先为精英运动员设计的装备，一定会大卖。几年之后，他和他的跑步教练 W. J. 鲍尔曼（W. J. Bowerman）一起拿出不多的存款，开始试验一系列运动用鞋。仅仅 12 年之后，他们所创立的耐克公司，价值就超过了 400 万美元。在这一过程中，通过倡导充满活力的生活方式，耐克公司也对令它最终获利的改变做出了不小的贡献。

世界上的确存在如菲利浦·奈特一样有远见的人，能够正确预料正在形成的趋势。但是，这样的人凤毛麟角。不过，即使是我们这样毫无想象力的预言家，也能做出几条有根据的猜测。人类身体的潜能会继续为流畅体验提供基础。神经和肌肉的功能极限会继续拓展。人类身体能够实施行为的各种对象——空气（如滑翔、蹦极、跳伞）、水（如游泳、冲浪、跳水）和大地（如跑步、攀岩、洞穴探险）会进一步为我们的活动提供无限的可能性。先进的知识和技术会继续提供新的交互方法，就像自行车、氧气瓶或运动员饮食控制自近代出现之后那样。虽然不太希望看到那一天，但我们确实无法排除通过基因工程来制造更强躯体的可能性，比如更健壮的心血管系统，或一个跳跃就飞过高楼的能力。

而量身定做的挑战与个人化的技能相互匹配的风向，可能会结合出了不起的势头。人们可能会专精这样一些事情，比如在阿拉斯加荒野中钓鱼、在加拿大的洛基山或新西兰的阿尔卑斯山上进行直升机滑雪、探索大堡礁或伯利兹堡礁，又或是开发出优雅的雪板滑雪技巧等。科技还会带来太空行走和深海探索的新机会。

但是，因为很少有人愿意只接收个人的反馈并以此衡量自己的成就，因而这些新出现的运动仍然需要一定的社会环境，以提供对成就的尊重和敬佩。所以，围绕着这些新的机遇可能会形成专家小组。联盟和协会也会逐渐萌芽，不过不是为了发展全国性的网络，而是为了组织更加私人化、精英化的赛事。比如，为运动者提供喜马拉雅远征或向导登山的商业机构。

有三条限制性规则塑造着体育运动的未来。第一条是身体和所处物理环境的客观限制。第二条比较富于创造性，包括生物学知识的新发展，以及科技对人类借由工具和装备所能采取的行动的拓展。第三条则包含了由社会和文化环境的限制。比如，假如我们遭遇一次严重的经济衰退，那么就没多少人能负担得起在阿拉斯加钓鱼或在太空中锻炼了。经过这些因素的层层筛选，通过运动体验流畅的新形式才会产生。

虚拟运动

关于流畅状态最常见的疑问之一，大致可以概括为“在流畅状态期间，大脑内部发生了什么？”人们提出这个问题的原因在于，许多人认为我们的感受直接受到神经系统内的生物化学变化控制，比如，肾上腺素或内啡肽的波动情况。这一观念自然而然地导致人们普遍认为流畅状态仅仅是一个生物化学过程，人类可以通过药物作用或基因工程改变脑内的生化状况，进而能够直接制造出流畅状态。这样一来，为了获得征服珠穆朗玛峰的愉悦感而进行的长期训练和投入的高额经费，都不再是必要的了。我们可以坐在沙发上，吃几片药就能获得相同的感觉。

这种观念有着强大的现实基础。的确，我们体验到任何一种感觉时都伴随着神经系统中相应的化学变化。比如，当我们感觉到危险时，特定的脑区会释放出较多的肾上腺素。但是，想明确地知道究竟是什么引起了什么，事情就要复杂得多了。大学的统计学新生人人皆知，“相关关系并不意味着因果关系。”这一不言自明的道理尤其适用于牵扯到心理过程的事物。

比方说，要理清主观想象与相应生理学变化之间的关系就非常困难。假如约翰在滑下特定雪道时发生了剧烈的肾上腺素波动，而玛丽没有，那么，这是因为约翰的激素分泌比玛丽活跃许多，还是因为约翰在出发前刚刚听说他的朋友在这条雪道上摔得不轻而担心自己？一方面，是我们的生理硬件，另一方面，是我们的心理软件，即我们创造的心理画面以及赋予它的意义。两类原因各自产生了多大影响，实在难以分辨。

与此类似，药物的效果也取决于化学物质发生作用时当事人的心理环境。如果一名印第安巫师在他的部落里咀嚼了特定品种的仙人掌，他可能会产生美妙的幻觉体验。但是，同样的仙人掌在毫不知情的人身上可能引发极度的紧张和恐惧。化学成分并不能直接影响我们的体验，生理改变需要通过认知进行具体的解释，才能产生相应的感受。相同成分和剂量的药物可能在某一时刻使某人感觉变好，而在另一时刻却可能使其感到痛苦。

比如，美国不少媒体曾公然宣称致幻剂等毒品能帮助人们激发创造性、解放思维。但是，没有任何可靠的证据表明任何人曾在改变了脑内化学成分之后产生了新的想法或制造出新的产品。我们能够确定的是，尽管不少作家平时常常喝的酩酊大醉，但在真正坐下来执笔的时候总是保持自己头脑清醒。一个无趣的人即使服用再多的致幻剂也还是无趣，而一个真正富有创造性的人则能够在完全清醒的状态下创造出伟大的作品。

问题的关键在于，如果我们因为外部事物的作用而放弃对自身意识的掌控，此时获得的虚拟体验和自然体验是截然不同的。这点对于体育运动而言，尤其适用。运动在它发生的那一刻尚未完整，它的大部分奖励通常在事后浮现，当个体回想自己所实现的成就时才能体会到。运动中的流畅状态甚至可以扩展为通过辛勤努力获得流畅体验而产生的幸福感与自豪感。如果没有应对真实的挑战，体验就缺少了至关重要的原料。

假如我们能够以某种方式精确地复制某位运动员在滑翔时大脑的生理状态，进而重演其在悬挂滑翔期间的流畅状态；再假设我们在一个静坐在黑屋子里的人的大脑中再现了这些化学变化。那么，坐在黑屋中的这个人的体验，能够和原来那位滑翔选手的体验一样吗？我们很有把握地说，不可能。除非这个人在近段时间内参与过滑翔运动，否则那位滑翔选手的体验中的很多维度对于此人来说既没有意义，也没有趣味。他或许与滑翔选手在客观上产生了相同的感觉，但是二者的意义却不一样，因为他无法将这种感觉与自己既有的体验和知识关联起来。更重要的是，那位真正的选手今后可以将这次滑翔作为她真正的成就来充分地回味，而这名虚拟运动参与者知道自己只是体验的消费者，而不是创造者。

可以肯定，虚拟运动是有未来的——就像其他领域一样，比如音乐的传播媒介从黑胶唱片发展为电视机。今后，人们独自坐在廊下，就能看见洛子峰从西冰斗中崛起，感觉到珠穆朗玛峰凛冽的寒风吹过，听到冰爪敲进冰山的碎裂声，并且费力地在稀薄的空气中呼吸。这样的虚拟体验足以让大部分观众丧失食欲、呕吐不止、头痛欲裂。虚拟体验还可以借助真实的数据来组织，比如，每 20 次尝试中只有 1 次最终能成功登顶，约 1/6 的人会“死于”坠落或雪崩，很多人会因严重冻伤而“失去”他们的手指。那些成功登顶的观众当然会获得到达顶峰的骄傲感，就和现在人们在互联网上下棋时赢过势均力敌的对手，或在当红的电脑游戏中成功阻止了终极大反派时的体验差不多。只是，这还算是运动吗？

不，化学药品和电击刺激都无法代替直接运用自己的身体带来的自然的兴奋。冒着真实的疼痛、失败甚至死亡的风险，克服躯体挑战，拓展关节和心肺的潜力——是它们构成了运动。因此只要人还是人，这些要素就能继续提供对人类来说独一无二的流畅体验。这是数百万年漫长进化塑造出来的最佳体验，它会在我们体验到身体更深的潜能时带领我们迈向更高的层次。但是，为了充分发挥体育运动的潜能，需要一个完整的人投入其中：毅力、勇气以及想象力，还有用身体感觉编织而成的一整篇精妙的乐章。幻想体育运动中的流畅状态可以被动地体验到，是对运动的本质以及流畅状态的本质彻头彻尾的误解。

自然地接近流畅状态

我们写这本书是为了让运动体验更加令人愉快，并识别出其中使得体验更加愉快的关键特征。我们希望，通过更好地理解流畅状态，人们能够获得运动所提供的更多心理奖励。但是，这种特别的状态能够随我们的意愿出现吗？流畅是否能够成为一种可以掌控的状态，是运动员、教练和运动心理学家都感兴趣的问题。也就是说，如果必要的条件一一就绪，就会出现流畅状态吗？我们已经谈到，通过化学药品或虚拟技术来进入流畅状态并不是解决这个问题的理想方式。如果你也同意这一看法，那么接下来我们就应该要问：运动员和教练能够做些什么，使流畅体验变得可以触及并且可以重现呢？

通过掌握流畅状态中的已知要素来为其做好准备，是提高其出现概率的积极措施。心理和身体两方面的训练都很重要，而自我觉察则是准备工作的关键所在。对流畅状态和引发流畅状态的因素的觉察，使运动员能够顺利进入正确的意识框架。当一切要素都已就位，有些运动员就会感到没有任何事能阻止他们沉浸在运动体验之中了。那么这些要素是什么？在写这本书时，我们有意避免类似“12 步达到流畅状态”这样的说法。相反，我们通过引用诸多运动领域中运动员的真实例子，说明了有助于增强流畅状态倾向的要素，以及那些妨碍流畅状态出现的要素。给出一个通用配方是不现实的。首先，每个运动者的兴趣和技能都与其他人不同。其次，如果你简单地借用一套对别人有效的方法，那你永远都无法完全掌控自己的体验。配方对于学习烘烤蛋糕很有用，但是对于学习如何实现意识状态的和谐圆满是没用的。通过把流畅状态的一般原则应用在你自己的情境中，你才能发现掌握它的独特秘诀。

通过倾听你内心有关自己真实兴趣的声音，通过发展沉浸在挑战活动中必备的技能，通过学习专注于具体的目标与精细的反馈，你就能找到流畅状态。但是，谁也无法保证流畅状态的出现，它不是一个能够被制造、打包并售卖的心理状态。和邂逅动人的音乐或艺术品的那种美学体验一样，它是一种必须由个体去创造的精妙过程。在体育运动中，它是经由长期严格的训练培养出来的，而它在特定的运动员身上会体现为特定的形式。跟随一定的指导有助于获得流畅体验，但是对于不同的个体和不同的运动项目来说，正确的步骤也是多种多样的。

一位桨手将流畅状态形容为“有点魔力”，并解释了人们可以为流畅状态搭好舞台，但这并不保证一定能体验到：

> 我想你能够增加它发生的概率……但是它有点魔力，这就是为什么我们说你没法真正把它描述出来，或是保证它出现之类的。如果你喜欢的话，我认为尝试使它发生，绝对有那么点铺垫作用。在我看来，它就是你一直在寻找的东西。

为流畅状态加上了少许魔幻色彩的描述，暗示着它令人难以琢磨的特点。这不是一个能轻易实现的状态；它需要能量、自信，而且通常要在面对困境时满足这些条件。但是，有时我们也会意外体验到流畅状态，它令人惊喜不已，而且看上去似乎毫不费力就达到了。正如这名英式橄榄球员所说：

对于我来说，它（流畅状态）几乎完全取决于我的准备。大多数时候我曾通过自己的控制进入了那个状态。但是也有时候只是因为比赛中出现了一个未受我影响的单纯的行为。而这正是我要强调的，有时你能掌控它，但是在某些时候，你什么都不用做；你就是在那，然后就被它带上了。

尽管不是所有的因素都可控，但的确有许多因素是可控的。读到此处时，你大概对于流畅状态究竟是什么已经有了一定了解，而且将来你会有自己的流畅体验可以利用。那么，西蒙对控制流畅状态还有什么要说的呢？

我相信流畅能够成为一种可以掌控的状态。那些能够控制它的人从运动当中获得了极大的力量。我认为我知道如何获得它，但那需要很多练习，当然也需要付出许多努力。与此同时，你必须在头脑中掌握这些知识。

西蒙评价自己在控制流畅状态的道路上已经走了一半，他发现自己在能够真正控制流畅状态之前还有许多挑战需要面对。他还进一步把自己目前在运动中的状态归因于他联结流畅状态的能力。他曾经获得过的流畅体验被珍藏在记忆中，并且会帮助他在未来回到这一状态。

一旦目标明确了，实现目标的路径也会变得更加清晰。如果你的目标是获得最佳体验，那么明确自己尝试达到的是什么就十分关键了，它将帮助你开启这段旅程。

积极体验的重要性

起初我们开始跑步、骑行或打篮球，都是出于兴趣。我们不需要任何心理学家来告诉我们为什么要这么做——我们获得的感受本身已经是足够有力的原因。之后，我们可能会继续这些活动，因为除了体验纯粹的身体愉悦感，我们也喜欢和同伴在一起，希望学到新的技能，或是感受比赛的扣人心弦。再过一段时间，也许我们做运动主要是为了保持身材或者健康。但是，如果我们丢掉了最初把我们和运动联系起来的那种快乐，我们就面临着错失这一切的风险。

然而不幸的是，这样的错失很常见。许多人出于责任感或经过痛苦的抉择而坚持跑步或骑行，早早地遗落了他们最初在运动中体验到的愉悦。糟糕的教练、过多的比赛以及令人厌烦的职业体育官僚作风对他们造成了很坏的影响。青少年常常报告自己在参与运动时拥有十分积极的心境。但是，越来越多的年轻运动员却放弃了他们的项目。这种消耗也常常出现在健身课程中，其人员脱落率比运动中的还要高。抛开锻炼有助于身体健康的事实，如果我们不喜欢的话，就很难坚持这种养生方法。因此，体验的质量对于从事任何体育活动来说，都是至关重要的因素。

向远方出发

有一句古老的诅咒是这么说的，“愿你达到你所有的目标”。第一眼看上去，有的人可能会疑惑，为什么这样一种愿望会被认为是咒骂呢？人生不就是为了实现一些目标而奋斗，无论那是金钱、名望、性欲抑或舒适的日子吗？人生不就是这么回事吗？呃……是，也不是。目标对于帮助我们专注与奋进来说是必要的，但是实现目标并不一定会带来幸福和满足。真正有影响力的是旅程，而不是到达目的地。越来越多的研究表明，健康、财富、权利和名望都无力给人幸福；反而是那些学会享受自己当下所做之事的人——不论这些事会使他们接近或远离自己

的目标——最终收获了有意义且幸福的生活。

这样的结论对于整个生活是正确的，在运动这个小得多的领域内也是正确的。获胜、赢得奖牌、改善消遣或打破纪录，这些最初都是激励我们的重要原因。但如果我们把这些目标看的太重，以至于对它们的追求使我们忘记了欣赏沿途的风景——那我们就错过了运动赠予人类的最豪华的礼物。

通常，在登上了体育运动的卓越巅峰之后，运动员会感到迷茫和空虚。当看到一名运动员在其项目中到达最高水平时，我们倾向于认为他或她一定已经一劳永逸地找到了享受运动的秘诀，而且一定也为自己的收获感到骄傲。通常来说，确实如此；但是，达到顶点同样也可能让人兴趣骤减。在这种情况下，运动员在运动时不再觉得乐在其中，反而会经历那种“灵魂的黑夜”，与江郎才尽的艺术家或宗教信仰破灭的教徒所体验到的感受差不多。一位长期占据世界冠军地位的三项全能运动员讲述了自己在金字塔顶体验到的内心的空虚：

你看不出任何表现……有什么非凡之处。你努力说服自己，好吧，那个还不错，但这一切最终都只是让人失望。对于我来说，总是存在一些更

> 具挑战性的事情……我对我所做过的任何有关体育的事情永远都不感到满足……但是，这样的热情陡然冷却了。你知道，你为了一场比赛进行数周乃至数月的训练，当时一切看上去都很消耗精力，并且都很重要，每天的每一分钟你都在想着你的比赛和对手。接下来的感觉几乎就是，砰！成了！然而，世界没有改变，你还是原来那个人。尽管……有时我试着用物质奖励来激励自己，但钱永远无法带来幸福。它并不能让你在一天结束的时候心满意足地对自己说，好的，不错，我赢了一些奖金……我只觉得越来越消沉。你懂的，就像是“咳，我现在能做点什么呢？”

如果持续激励一个人的仅仅是世界纪录而不是高品质的体验，那么即使达到了运动的最高水平，也不能免于幻灭。一位运动员以积极的方式谈到了自己的流畅体验；当被问到流畅体验对于坚持运动是否重要时，她是这么回应的：

> 如果我认为自己没法继续从中获得享受，我肯定坚持不下去，所以我不断奋斗，为了获得那个状态（流畅状态）而奋斗……你能够回忆起比赛中的感觉，一边前进一边想着，“这样活跃着多幸福啊！这个真棒，那个真美好！”我始终追求流畅状态，因为我觉得，如果不再喜爱我所做的事的话，坚持就没有意义了……我为了进入那个完美状态而奋斗着。

不论你是业余选手还是世界冠军，成功的终极衡量标准并不是你的表现，而是你在表现过程中的体验。不论结果胜败如何，从体育运动中获得流畅体验，都必然令你的人生充实丰富。这种极致的体验能让我们瞥见现实中难以存在的完美，并促使我们不断追寻卓越。

参考文献

Bandura, A. (1977). Self-efficacy: Toward a unifying theory of behavior change. *Psychological Review, 8,* 191-215.

Brewer, B.W., Van Raalte, J.L., and Linder, D.E. (1993). Athletic identity: Hercules' muscle or Achilles' heel? *International Journal of Sport Psychology, 24,* 237-254.

Cooper, A. (1998). *Playing in the zone: Exploring the spiritual dimensions of sports.* Boston: Shambhala.

Csikszentmihalyi, M. (1975). *Beyond boredom and anxiety.* San Francisco: Jossey-Bass.

Csikszentmihalyi, M. (1990). *Flow: The psychology of optimal experience.* New York: Harper & Row.

Csikszentmihalyi, M. (1993). *The evolving self.* New York: Harper Collins.

Csikszentmihalyi, M. (1996). *Creativity: Flow and the psychology of discovery and invention.* New York: Harper Collins.

Csikszentmihalyi, M. (1997). *Finding flow: The psychology of engagement with everyday life.* New York: Harper Collins.

Csikszentmihalyi, M., and Bennett, S. (1971). An exploratory model of play. *American Anthropologist, 73,* 45-58.

Csikszentmihalyi, M., and Csikszentmihalyi, I. (Eds.) (1988). *Optimal experience: Psychological studies of flow in consciousness.* Cambridge: Cambridge University Press.

Csikszentmihalyi, M., and Larson, R. (1986). *Being adolescent.* New York: Basic Books.

Csikszentmihalyi, M., and Larson, R. (1987). Validity and reliability of the Experience Sampling Method. *Journal of Nervous and Mental Disease, 175,* 526-36.

Csikszentmihalyi, M., Rathunde, K., and Whalen, S. (1993). *Talented teenagers: The roots of success and failure.* New York: Cambridge University Press.

Deci, E.L., and Ryan, R.M. (1985). *Intrinsic motivation and self-determination in human behavior.* New York: Plenum Press.

Dryden, K. (1989). *The game: A thoughtful and provocative look at life in hockey.* Toronto: Harper & Collins.

Duda, J.L. (1992). Motivation in sport settings: A goal perspective approach. In G.C. Roberts (Ed.), *Motivation in sport and exercise* (pp. 57-92). Champaign, IL: Human Kinetics.

Ferguson, H. (1986). *The Edge.* Cleveland: Howard E. Ferguson.

Gould, D. (1998). Goal setting for peak performance. In J.M. Williams (Ed.), *Applied sport psychology: Personal growth to peak performance* (3rd ed.) (pp. 182-196). Mountain View, CA: Mayfield.

Gould, D., Jackson, S.A., and Finch, L.M. (1993). Life at the top: The experiences of U.S. national champion figure skaters. *The Sport Psychologist, 7 (4),* 354-374.

Hanin, Y.L. (1995). Individual zones of optimal functioning (IZOF) model: An idiographic approach to performance anxiety. In K. Henschen and W. Straub (Eds.),

Sport, psychology: An analysis of athlete behavior (pp. 103-119). Longmeadow, MA: Mouvement Publications.

Inglehart, R. (1990). *Culture shift in advanced industrial society.* Princeton, NJ: Princeton University Press.

lackson, P. (1995). *Sacred hoops.* New York: Hyperion.

Jackson, S.A. (1992a). Athletes in flow: A qualitative investigation of flow states in elite figure skaters. *Journal of Applied Sport Psychology, 4 (2),* 161-180.

Jackson, S.A. (1992b). Elite athletes in flow: The psychology of optimal sport experience. Unpubl. doctoral dissertation, University of North Carolina at Greensboro.

Jackson, S.A. (1995). Factors influencing the occurrence of flow in elite athletes. *Journal of Applied Sport Psychology, 7 (2),* 135-163.

Jackson, S.A. (1996). Toward a conceptual understanding of the flow experience in elite athletes. *Research Quarterly for Exercise and Sport, 67 (1),* 76-90.

Jackson, S.A., Dover, J., and Mayocchi, L.M. (1998). Life after winning gold I: Experiences of Australian Olympic gold-medallists. *The Sport Psychologist, 12,* 119-136.

Jackson, S.A., Kimiecik, J.C., Ford, S., and Marsh, H.W. (1998). Psychological correlates of flow in sport. *Journal of Sport and Exercise Psychology, 20,* 358-378.

Jackson, S.A., and Roberts, G.C. (1992). Positive performance states of athletes: Toward a conceptual understanding of peak performance. *The Sport Psychologist, 6 (2),* 156-171.

Jones, G., and Hardy, L. (1990). *Stress and performance in sport.* Wiley: Chichester.

Kelly, J. R. (1982). *Leisure.* Englewood-Cliffs, NJ: Prentice-Hall.

Knox-Johnston, R. (1969). *A world of my own.* London: Cassell.

Krakauer, J. (1997). *Into thin air.* New York: Random House.

MacAloon, J. (1981) *This great symbol.* Chicago: University of Chicago Press.

Maslow, A. (1968). *Toward a psychology of being* (2nd ed.). New York: van Nostrand Reinhold.

Mclnman, A., and Grove, R. (1991). Peak moments in sport: A literature review. *Quest, 43,* 333-351.

Murphy, S. (1996). *The achievement zone: 8 skills for winning all the time from the playing field to the boardroom.* New York: Putnam.

Murphy, S., and White, R.A. (1995). *In the zone: Transcendent experience in sports.* New York: Penguin.

Myers, D.G. (1992). *The pursuit of happiness.* New York: Morrow.

Myers, D., and Diener, E. (1995). Who is happy? *Psychological Science, 6,* 10-19.

Nideffer, R.M. (1989). *Attention control training for sport.* Los Gatos, CA: Enhanced Performance Services.

Orlick, T. (1986a). *Psyching for sport.* Champaign, IL: Human Kinetics.

Orlick, T. (1986b). *Coaches' training manual to psyching for sport.* Champaign, IL: Human Kinetics.

Panorama (1998). Towards 2000: Donovan Bailey, Sprinter. *Panorama.* Ansett Australia in-flight magazine, May 1998, p.136. Sydney, NSW: POL Corporate Publications.

Parducci, A. (1995). *Happiness, pleasure, and judgment.* Mahwah, NJ: Laurence Erlbaum.

Randolph, M. (1997). On the edge. *Outdoor Canada,* May, 1997, pp. 24-28, 51-54.

Ravizza, K. (1998). Increasing awareness for sport performance. In J.M. Williams (Ed.), *Applied sport psychology: Personal growth to peak performance* (3rd ed.) (pp. 171-181). Mountain View, CA: Mayfield.

Silver, A.D. (1985). *Entrepreneurial Megabucks.* New York: John Wiley & Sons.

Sun, W. (1987). *Flow and Yu: Comparison of Csikszentmihalyi's theory and Chuang-tzu's philosophy.* Paper presented at the meetings of the Anthropological Association for the Study of Play. Montreal, Canada, March, 1978.

Taylor, P. (1996). The trade. *Sports Illustrated,* 84 *(9),* 33-39.

Thompson, J. (1993). *Positive Coaching.* Dubuque, IA: Brown & Benchmark.

Veroff, J., Douvan, E., and Kulka, R.A. (1981). *The inner American.* New York: Basic Books.

Veenhoven, R. (1988). The utility of happiness. *Social Indicators Research, 20,* 333-354.

Weiss, M.R., and Chaumeton, N. (1992). Motivational orientations in sport. InT.S. Horn (Ed.), *Advances in sport, psychology* (pp. 61-99). Champaign, IL: Human Kinetics.

Williams, J.M., ed. (1998). *Applied sport psychology: Personal growth to peak performance.* (3rd ed.). Mountain View, CA: Mayfield.

Yukelson, D. (1998). Communicating effectively. In J.M. Williams (Ed.), *Applied sport psychology: Personal growth to peak performance* (3rd ed.) (pp. 142-157). Mountain View, CA: Mayfield.

Zinsser, N., Bunker, L., and Williams, J.M. (1998). Cognitive techniques for building confidence and improving performance. In J.M. Williams (Ed.), *Applied sport psychology: Personal growth to peak performance.* (3rd ed.). (pp. 270-295). Mountain View, CA: Mayfield.